Dietmar Dath
Stehsatz

Dietmar Dath

Stehsatz
Eine Schreiblehre

Wallstein Verlag

Für Philipp Theisohn

I. Vorsatz

I suggest you pick your enemy.
Captain Kathryn Janeway

Zwei Abende, vier Teile, eine Schreiblehre.
Am ersten Abend gibt's die beiden Viertel »Vorsatz« und »Ansatz«, am zweiten den Rest, »Einsatz« und »Gegensatz«. Die Teile sind weder gleich lang noch gleich eingängig. Wieso heißt ihr Ganzes »Schreiblehre« und nicht »Poetik« oder »Poetologie«?

Wenn Leute darüber reden oder schreiben, wie Literatur gemacht wird und wozu, nennen das manche *Poetik*. Und wenn Leute, die Literatur schreiben, öffentlich erklären, was sie treiben, nennen das manche *Poetologie*. In beiden Fällen baut man Brücken zwischen Wolken.

Die Brücken sind dabei fast immer weniger stabil als die Wolken.

Was qualifiziert mich dazu, Ihnen zu erzählen, welche Wolken und Brücken ich baue?

Mein Schreiben nicht, würden einige sagen, die berufshalber darüber urteilen. Ein paar Belege: Am 20.11.2007 findet Ijoma Mangold in der Süddeutschen Zeitung, mein damals neuestes Buch »Waffenwetter« sei »getragen von einer geradezu pubertären Gewolltheit und Angestrengtheit«, ein »Roman voller schlechter Kalauer und verklemmtem Bildungsgeprotze, Theorie-Angebertum und schwer aufgesetzter Rebellionsromantik«. Etwa ein Jahr später, am 13.12.2008, urteilt Thomas Anz in der Frankfurter Allgemeinen Zeitung über meinen Roman »Die Abschaffung der Arten«, »nicht zuletzt wegen der vielen Wiederholungen gleicher Ideen«

werde »über weite Strecken die Lektüre sogar zur Qual, wenn nicht zum Ärgernis«. Schärfer schreibt Burkhard Müller über das von Anz besprochene Buch in der Süddeutschen Zeitung am 18.9.2008: »Selten hat der Rezensent so intensiv den Wunsch verspürt, ein Buch zuzuklappen und ins Eck zu pfeffern. Eisernes Pflicht- und Gerechtigkeitsgefühl hinderte ihn daran, denn man soll ein Buch ja ausreden lassen. Versäumt hätte er wenig, denn auch die letzten 470 Seiten enthielten nichts an Pein und Qual, was die ersten 80 nicht auch geboten haben; und dabei leer blieben, einfach leer.«

Wieder ein Jahr später, am 8.10.2009, attestiert in der ZEIT Thomas E. Schmidt meinem Buch »Sämmtliche Gedichte« (ja, mit zwei »m«) schlicht »Misslungenheit« und spricht von »poetischem Trash«, in dem sich »der pseudophilosophische Scheiß der letzten Jahre« breitmache. Am 13.4.2010 erklärt Aram Lintzel in der Tageszeitung, mein Zeug sei »ziemlich nervig«, manchmal auch »richtig unangenehm«.

Das dauert durch die Jahre fort: Thomas Steinfeld schüttelt in der Süddeutschen Zeitung noch am 8.4.2016 über meinen Roman »Leider bin ich tot« den Kopf; es mangele dem Buch »ebenso sehr an einer Ökonomie des Erzählens, wie es eine gelegentlich die Albernheit zumindest streifende Generalmobilmachung literarischer Mittel darstellt«. Nicht besser geht es bei Marten Hahn meinem Roman »Der Schnitt durch die Sonne« am 13.9.2017 im Deutschlandfunk: Das Buch tauge »weder als politisches Pamphlet noch als Science-Fiction-Roman. Der bekennende Kommunist Dath will zuviel.«

In diesem Ton könnte ich lange weiterzitieren, Äußerungen zu erzählenden Texten wie zu essayistischen – aus diesem zweiten Bezirk sei nur die Einschätzung Alexander Cammanns wiedergegeben, der in der ZEIT vom 16.2.2012 über die von mir zusammen mit Barbara Kirchner verfasste Abhandlung »Der Implex« seufzt: »Pittoreske Riesenklammern und mäandernde Satzkonstruktionen, die zusammennageln, was besser getrennt wäre, dazu immer wieder kalaschnikowhafte Selbstermächtigungsprosa, die in zeitungsgemäßer Kurzform ganz lustig, hier pennälerhaft wirkt, machen die Lektüre selbst für Theorietrainierte zur Tortur.«

Das Wort »Tortur« spricht von einem Erlebnis, das Thomas Anz »Qual« nennt, Burkhard Müller gar »Pein *und* Qual«.

Warum zitiere ich das? Will ich mich beklagen? Prahlen (»Viel Feind, viel Ehr'«)? Spekuliere ich darauf, dass man mir als Geschmähtem einen Kredit einräumt, der Angegriffenen gegönnt wird, wo sie noch keine Gelegenheit gehabt haben, sich zu rechtfertigen?

Will ich bescheiden wirken *(humblebragging)*?

Nichts davon.

Es geht nur vordergründig um mich; ich figuriere als Abkommpunkt. Man muss auf irgendetwas zielen, bevor man treffen kann. Die gemeinte Sache ist allgemeiner als meine.

Ich bin, erstens, nicht der einzige Mensch, der diese Art Kritik erlebt. Zweitens ist das gedruckte, im Radio gesendete oder online publizierte Feuilleton nicht die einzige Quelle derartiger Äußerungen. Man bekommt solche Sachen, wenn man schreibt wie ich, auch von Leserinnen und Lesern zu hören und zu lesen, die für Kritik kein Geld kriegen.

Als ich die ersten Einwände der vorgeführten Art zur Kenntnis nehmen musste, brachten sie mich von meiner Schreibart nicht ab. Ich schreibe seitdem folglich *vorsätzlich* so, wie ich schreibe. Das Missverständnis liegt nahe, dass ich dabei also auch bewusst den Zweck verfolge, angegriffen zu werden.

Es gefällt mir aber gar nicht, das Zitierte über mich zu lesen oder zu hören. Ich kann es nur nicht verhindern, wenn ich so schreibe, wie ich schreibe. Die Schreiblehre wird Ihnen darlegen, was der tatsächlich angestrebte Zweck meiner Arbeit ist.

Ich kann und mag nicht für andere Autorinnen und Autoren sprechen oder schreiben, will Ihnen aber am Werk und Leben anderer Autorinnen und Autoren zeigen, dass es mehr als einen Menschen gibt, der so schreibt, dass die zitierte Sorte Gegnerschaft sich regt.

Indem ich erkläre, warum ich so schreibe, wie ich schreibe, möchte ich Ihnen dann glaubhaft darlegen, dass es nicht nur, was Sie ohnehin wissen, verschiedene Auffassungen davon gibt, wie Literatur gemacht wird und was sie soll, sondern dass diese Verschiedenheit einen Streit auslösen kann, bei dem man sich zu einer der streitenden Parteien schlagen darf. Ich finde, dass man das sogar muss.

Ich sage nicht, dass man mich nie lobt. Der Kritiker Lars Weisbrod schrieb zum Beispiel am 2.7.2015 in der ZEIT, ich sei »der einzige relevante Science-Fiction-Schriftsteller der deutschsprachigen Gegenwartsliteratur«. Je nachdem, was man unter »Science Fiction« oder »deutschsprachige Gegenwartsliteratur« verstehen will, könnte man glauben, damit sei gesagt, großartige Leute wie Michael Marrak, Emma Braslavsky, Sharon Otoo, Herbert W. Franke, Anja Kümmel, Christian Kracht und drei Dutzend weitere Autorinnen und Autoren seien »nicht relevant«.

Das ist falsch; ich hoffe aber, dass Weisbrod etwas anderes sagen wollte, nämlich, dass ich das, was im Feuilleton als »deutschsprachige Gegenwartsliteratur« stattfindet, und das, was im Feuilleton als »Science Fiction« eher *nicht* stattfindet, auf eine Art ineinanderschiebe, die Weisbrod spektakulär interessanter findet als andere mögliche Konfigurationen dieser Textsorten. Es gibt kaum konsensfähige Wörter für diese Art Interesse am Konventionsbruch im Feuilleton, das dazu da ist, die Konvention zu bestätigen, also hilft man sich mit Emphase; ich kenne das Problem nicht nur als Autor, sondern auch als Kritiker. Es gehört zu einem weitläufigen Muster, in dem gerade das großflächig zum Verschwinden gebracht wird, was mich an Literatur am meisten begeistert.

Man kann dieses Muster »Literaturleben heute« nennen.

Der Sinn meiner hier ausgebreiteten Schreiblehre ist es, das Muster durch eine zwar *persönliche*, aber nicht *private* Linse zu betrachten.

Ich möchte zunächst im Lichte des Zitierten Ihr Interesse für den Tatbestand wecken, dass es, wo man mich scharf tadelt, oft recht ähnlich klingt: affektgeladen, von Wut gefärbt, die beispielsweise ein Buch »ins Eck pfeffern« will, manchmal unter Absonderung von Kraftausdrücken wie »Scheiß«, die sonst eher nicht in der ZEIT stehen.

Mein Schreiben, darin sind sich die vorgestellten ablehnenden Stimmen einig, wolle zu viel; es sei sprachlich, sachlich und gedanklich überladen, Angeberei, nicht nachvollziehbar auf windige, auch: widerliche Weise.

Am Allerklarsten hat das der Phantastik-Experte Simon Spiegel im Rahmen einer Forendiskussion über das Buch »Niegeschichte«, meine 2019 erschienene Poetik und Poetologie der Science Fiction, online gesagt, am 6. 1. 2020: Man solle mir für gewisse Formulierungen in diesem Buch »den Mund mit Seife auswaschen«, denn sie seien »unverständlicher Schwulst«.

Missmut, Flüche, Erziehungsphantasien mit Seife?

Ob ich ein guter Autor bin, kann ich Ihnen nicht sagen. Es gibt eine Blindheit in eigenen Angelegenheiten, die Menschen vor lähmenden Selbstzweifeln schützt und nicht ohne Not angetastet sein soll. Was ich aber weiß, weil ich es belegen kann, ist, dass ich zwar kein guter Mensch, aber ein gutes Beispiel bin, allerdings für Schlimmes.

Das ist keine kalkulierte Selbsterniedrigung.

Sie werden erfahren, was ein »guter Mensch« für mich ist, samt Begründung, warum ich keiner bin und keiner sein will. Wie zu jeder Moral müssen wir uns zum dafür nötigen Überblick aber erst aus der Welt der Tatsachen emporarbeiten.

Meine Schreiblehre will, anders als »Niegeschichte«, *keine* Poetik und *keine* Poetologie sein. Sie lernt das, was sie wissen und sagen muss, unter anderem von Fehlern in meinen literarischen Texten, die ich Ihnen zeigen werde.

Wie man lehrt, weiß ich freilich nicht gut.

Und wie man lernt, habe ich mir selbst beibringen müssen.

Meine Schreibtechnik entwickle ich seit ungefähr fünfunddreißig Jahren, indem ich mir anschaue, wie Leute schreiben, die ich bewundere. Dann klaue ich, dann baue ich um, was bei mir nicht funktioniert. Dieses Vorgehen ist handwerklich kaum originell und nicht nur in den Künsten, sondern selbst in den exaktesten Wissenswelten üblicher, als Schöngeisterei meint, die um Exaktes einen Bogen macht. Ich will zur Verdeutlichung des Verfahrens zwei Beispiele aus Denkschulen streifen, die in akademischen Zusammenhängen präzisen Denkens entstanden sind und dort gepflegt werden, aus der sogenannten »Kategorienlehre« und dem sogenannten »Inferentialismus« – daran lässt sich nämlich demonstrieren, auf welche Weise das, was ich Ihnen hier erzähle, überhaupt »Theorie« ist und inwieweit das dazugehörige »Theoriedesign« (Niklas Luhmann) vom Gegenstand abhängt.

Die erste der beiden Lehren gehört in ein Wissensgebiet, das meine literarischen Texte teils färbt, teils stärkt, teils belastet, in der Schnittmenge zwischen Begriffen der Mathematik einerseits und Begriffen der Philosophie andererseits. Die Kategorientheorie hat für meine Literatur, genauer: für meine Science Fiction im Stofflichen und Thematischen Gebrauchswert, aber auch für meine Selbstverständigung darüber, wie ich schreibe.

Einer der wichtigsten Begriffe der Kategorientheorie, der »Funktor«, stammt aus der Philosophie.

Die Mathematiker Saunders Mac Lane und Samuel Eilenberg, deren Schöpfung die Kategorientheorie ist, haben das Wort beim Philosophen Rudolf Carnap gefunden und es ihren Zwecken anverwandelt. Umdeutungen von Wörtern sind im Exakten erlaubt, sofern man bei der Einführung der neuen Verwendungsweise des umgedeuteten Wortes mitartikuliert, worin sie sich von der ursprünglichen unterscheidet, je nach Kontext mal ausführlicher, mal knapper.

Kaum jemand wird, wenn von einem »Liebesdreieck« die Rede ist, wissen wollen, ob's ein gleichseitiges, gleichschenkliges oder geometrisch sonstwie näher bestimmtes Dreieck ist. Kaum jemand wird, wenn von einem »Freundeskreis« die Rede ist, wissen wollen, ob der gemeinte Sozialzusammenhang *wirklich* eine Menge von Punkten ist, die, wie beim geometrischen Kreis, alle gleich weit von einem Mittelpunkt entfernt sind.

Wenn ich aber in »Niegeschichte« von einem »Aufhebungsfunktor« rede und damit ein Verfahren bezeichnen will, das den Unglauben des Publikums an phantastische Erzähltropen in Schach hält, dann muss ich erklären, was ich unter dem Wort »Funktor« verstehe, inklusive meiner Abweichung vom Wortgebrauch Mac Lanes und Eilenbergs, falls es eine gibt. Denn ich will da nicht nur etwas bebildern, sondern etwas erklären – Unverstandenes auf Verständliches herunterrechnen (»Reduktionismus«).

Bei Mac Lane und Eilenberg ist ein Funktor eine Abbildung zwischen Kategorien. Unter »Kategorien« verstehen sie »Handlungsuniversen« der Mathematik: Zu jeder Kategorie gehören 1.) Objekte (Zahlen, Formen, Namen ...) und

2.) Verknüpfungen zwischen diesen, die man »Morphismen« oder »Abbildungen« nennt. Es gibt einen Morphismus von den Namen der Eltern zum Namen des Kindes, von einer Zahl zu einer anderen, die ihr Quadrat ist, von der einfachen Form zu komplizierteren Formen und so fort.

Weil zu Kategorien, die man mittels Funktoren aufeinander abbildet, immer schon Abbildungen gehören, ist ein Funktor unter anderem eine Abbildung zwischen Abbildungen. In »Niegeschichte« soll nun der »Aufhebungsfunktor« eine Abbildung sein zwischen einerseits den Abbildungen, die wir uns *im wirklichen Leben* auf dem Weg von der Ursache zur Wirkung machen (»A verursacht B«, das Wort »verursacht« ist die Abbildung) und andererseits den Abbildungen, die wir uns *in der Phantastik* von Ursache und Wirkung machen. Damit wir die besonderen, im Alltag ungewohnten Ursache-Wirkung-Verknüpfungen konstruieren können (Effekte von Magie, ausgedachter Wissenschaft und Technik etc.), die es in der Phantastik gibt, müssen wir Ursache-Wirkung-Verknüpfungen, die wir aus dem wirklichen Leben kennen, *aufheben*, soll sagen: suspendieren, einklammern, ignorieren. Der Meta-Pfeil »Aufhebungsfunktor« zeigt von den Pfeilen der Kausalität (A verursacht B) *im Leben* zu denen *in der Phantastik* (A| verursacht B|).

Wenn ich in »Niegeschichte« »Aufhebungsfunktor« sage, meine ich mit dem Wortbestandteil »Funktor« also in der Tat etwas Ähnliches wie das, was Mac Lane und Eilenberg mit demselben Wort meinen. Aber ich habe das Wort der beiden durch einen Zusatz, der das Spezifische meines Wortgebrauchs benennt (»Aufhebung«), meinem Darstellungszweck angepasst. Das Spezifikum ist die *Aufhebung* einer Pfeilbeschaffenheit, derjenigen von Kausalbeziehungen im Wirklichen nämlich.

Entscheidend ist die Rolle, die das Wort im Argument spielt. Was das bedeutet, hat der amerikanische Philosoph Robert B. Brandom in seinem *Inferentialismus* ausgearbeitet.

Ich bitte Sie um Geduld, wenn ich jetzt auch noch ausführe, was »Inferentialismus« ist und was ich damit will. Sie können das, was ich danach auf dieser Grundlage sage und was die ZEIT meinen »pseudophilosophischen Scheiß« nennt, dann ja, wenn es Ihnen nicht einleuchtet, umso entschlossener und besser begründet verwerfen, wenn Sie wissen, wie ich es meine, anstatt es nur abzulehnen, weil Sie's nicht kennen.

Brandoms »Inferentialismus«-Begriff ist abgeleitet vom Wort »Inferenz«. Gemeint ist damit eine *Folgerung* – aus irgendeinem Satz *folgt* ein anderer, das ist die Inferenz.

Brandom nennt seine Theorie »inferentialistisch«, weil sie sagt: Die Bedeutung eines Wortes ist *die Funktion dieses Wortes in einer solchen Folgerung.*

Sobald ich ein Wort gebrauche, lege ich mich laut Brandom auf Sätze fest, aus denen etwas folgt oder die aus etwas folgen, indem dieses Wort in ihnen vorkommt. Die bei Brandom daran angeschlossene Vorstellung, dass zu einem Wortgebrauch die *Festlegung* auf die *Verpflichtung* gehöre, etwas für wahr zu halten, nennt der Philosoph seine »normative Pragmatik«. Das Wort »Pragmatik« bedeutet »Handlungslehre« und das Adjektiv »normativ« sagt, dass die jeweilige Wortgebrauchshandlung sich an eine *Norm,* eine Vorschrift bindet, die man aus dem Gebrauch herausdeuten und explizit machen kann.

Eine Vorform des Inferentialismus in der mathematischen Logik kann man beim deutschen Logiker Gerhard Gentzen in den Dreißigerjahren des letzten Jahrhunderts entdecken. Gentzen hielt dafür, die Bedeutung eines logischen Zeichens sei die Rolle, die es in einem Beweisverfahren für einen mathematischen Satz spielt. Gentzen dachte spezieller;

Brandom denkt allgemeiner. Beider Lehren reimen sich qua Handlungsbezug auf die Kategorientheorie von Mac Lane und Eilenberg, die sagt, ein mathematisches Objekt, etwa ein Dreieck, eine natürliche Zahl, eine Punktmenge, sei nicht einfach ein Ding, das in eine Schublade passt, sondern primär dadurch bestimmt, ob und wie man es auf andere Objekte abbilden kann und ob und wie sich wiederum diese auf das betreffende Objekt abbilden lassen.

Über die Kategorientheorie und den Inferentialismus lerne ich seit etwa zwei Jahrzehnten so viel, wie ich überhaupt kann. Beide lehren mich denken, beide kommen daher auch immer wieder in den Welten als Stoff vor, die ich für meine Science Fiction erfinde. Es geht nicht um Didaktik, denn ich denke, dass das literarische Schreiben nicht vorrangig Informationen über die wirkliche Welt gestalten soll, sondern Haltungen zu ihr.

Was meine ich mit »Haltungen«?

Eine Haltung ist mir nicht einfach eine *Meinung*, die sagt, dies oder das sei so oder so zu bewerten. Eine Haltung ist für mich eine bewusste Disposition zu Handlungen oder Unterlassungen.

Es gibt Kampfhaltungen, sprungbereite Haltungen, auch entspannte. Es gibt fordernde wie entsagende, produktive und destruktive.

Da Haltungen sich auf Handlungen beziehen und Handlungen in der Wirklichkeit stattfinden, nicht nur im Kopf (sonst sind es nur Ideen von Handlungen), müssen Haltungen notwendigerweise Haltungen *zu etwas Wirklichem* sein.

Wer daher Haltungen *gestalten* will, muss Wirkliches *mit*-gestalten, weil sonst das nicht erkennbar (und damit: nicht gestaltet) ist, wozu die Haltungen überhaupt Haltungen sind.

Die besondere Darstellung einer Haltung, die ein *literarisches Kunstwerk* leistet, ist Vermittlung zwischen drei Größen: Erstens *Thema (Gedanke)*, zweitens *Stoff (Gegenstand)*, drittens *Form (Gestaltung)*.

Zwei Exempel dafür, zwei Haltungen, ein Genre: Ich möchte Ihnen den Roman »Solaris« des polnischen Schriftstellers Stanisław Lem aus dem Jahr 1961 vorstellen, um ihn mit dem Roman »Diaspora« des australischen Schriftstellers Greg Egan aus dem Jahr 1997 zu vergleichen.

Der Vergleich soll klären, was ich mit »Thema«, »Stoff« und »Form« meine.

In Lems Roman entdecken Menschen ein gigantisches Lebewesen im All, das (vermutlich) denkt und (anscheinend) kommuniziert. Die Verständigung mit ihm scheitert, ja: erweist sich als prinzipiell unmöglich, weil die Art, wie wir Menschen in unseren Vorstellungen und Darstellungen der Welt Zeichen verwenden, nicht zu der Art passt, wie dieses Wesen kommuniziert und denkt.

In Egans Roman entdecken Wesen, die von uns abstammen, dass ihre physikalische Theorie der Welt unvollständig ist und sie daher auf eine Katastrophe nicht vorbereitet hat, die ihre Existenz bedroht. Sie lernen, dass ihnen die Art, wie sie ihre (hier: streng wissenschaftlichen) Zeichen in ihren Vorstellungen und Darstellungen der Welt verwenden, nur einen Ausschnitt dieser Welt gezeigt hat. Notgedrungen machen sie sich daran, den Ausschnitt zu vergrößern. Das gelingt nur um den Preis, dass sie ihren Gebrauch von Zeichen und damit sich selbst als zeichengebrauchende Subjekte grundsätzlich verändern müssen. An einer Schlüsselstelle des Romans beklagt sich während dieser Arbeit eine Figur, man habe bei den Ausstellungen – es heißt tatsächlich, auf Englisch: »exhibitions« –, die man in der Welt des Romans veranstaltet, um das Gelernte sinnlich fassbar zu machen, eine Grenze überschritten, jenseits derer etwas liege, was nicht mehr nachvollziehbar sei (»beyond understanding«). Eine andere Figur gibt darauf Antwort mit einem Satz, der zusammenfasst, was ich die Haltung des Romans »Diaspora« nenne:

> Nothing is beyond understanding. A hundred more exhibits, and I promise you: you'll be dreaming in five dimensions.[1]

»Diaspora« sagt also: Wir werden die richtigen Abbildungen finden, die nötigen Brücken zwischen unseren Wolken und dem Boden der Tatsachen. »Solaris« dagegen sagt: Wir werden nie eine Brücke finden zwischen uns und allem, was der Fall sein kann; schon gar nicht zu allen vorstellbaren Fremdintelligenzen.

Egans *Stoff* ist die Katastrophen*bewältigung*, Lems Stoff ist das Katastrophen*erlebnis*.

Egans *Thema* ist die Naturwissenschaft, vermittelt über von ihr ermöglichte Technik. Lems Thema dagegen ist die Kognitionswissenschaft als Kommunikationsphilosophie, vermittelt über ein Gedankenexperiment zur These der Inkommensurabilität unterschiedlicher Welterschließungsweisen.

Verschiedene Haltungen, verschiedene Stoffe, verschiedene Themen, aber dieselbe *Form*: der Science-Fiction-Roman.

Um die Verhältnisse zwischen Haltungen, Themen, Stoffen und Formen für mich zu ordnen, entwickle und übe ich meine Schreiblehre. Es geht darin um *Regeln*, die ich mir erarbeitet habe. Mit ihrer Hilfe kann ich das Vergnügen daran genießen, dass *jede* Regel in meinem von viel Quatsch gequälten Beruf eine Ausnahme als »Störung der Unordnung« (Karl Kraus) ist, die sonst vorherrscht, eine Herausforderung der Gedankenarmut des naturwüchsigen Gemeinwesens. »Schreiblehre«, nicht Poetik oder Poetologie, nenne ich das Ding, weil der Wortbestandteil »Lehre« mich an etwas erinnert, das ich nicht vergessen will. Es schreibt sich für mich von einer heilsamen Kränkung her, die mir ein Lehrer auf dem Gymnasium in Schopfheim im Wiesental zugefügt hat, aus gutem Grund.

Der Mann unterrichtete Französisch. Ungern ließ er sich mit Fragen von seiner Lehrplan-Leier ablenken. Aus Langeweile und Frechheit stellte ich ihm aber einmal eine Frage zur französischen Grammatik: Warum ist das so, in dem Satz, den Sie eben gesagt haben?

Er antwortete: »Des isch halt so.« (Hochdeutsch: »Das ist halt so«).

Gemeint war: »Frag' nicht, friss es!«

Merci, prachtvoller Herr Zimmermann mit deinem Gorillakörperbau, deinem Bluthochdruckgesicht und deinen Kriegs- oder Schmissnarben; von Herzen sei dir gewünscht, dass du noch lebst und in irgendeiner Lebensdämmerinstitution unterbezahlte Altenbetreuungskräfte schikanierst. Ich wollte die Antwort damals nicht hören, die ich von dem Herrn bekam.

Ich wollte eine Regel wissen, die mir die Erscheinungen der französischen Sprache geordnet hätte. Wer *keine* Regeln hat, muss jede Frage nach einem Phänomen mit »des isch halt so« beantworten. Wer zu *grobe* Regeln hat, muss zwar nicht mehr alle, aber immer noch *zu viele* verschiedene Erfahrungen auf diesen Satz zusammenprügeln. Wer zu *feine* Regeln hat, verliert sich beim Erklären auf konfusen Wegen.

Damals maulte ich: »Wenn des eso isch, dann bruuch i au nix lerne, dann bruuch i gar nit in d' Schüel cho.« (Hochdeutsch: »Wenn das so ist, dann brauche ich auch nichts lernen, dann brauche ich gar nicht zur Schule kommen.«)

Zimmermann ließ sich das nicht bieten: »Was willsch überhaupt uffem Gymnaisum? Du machsch einewäg e

Schlosserlehr!« (Hochdeutsch: »Was willst du überhaupt auf dem Gymnasium? Du machst sowieso eine Schlosserlehre!«)

Der Mann hatte seinen Job verstanden: Lehrpersonal im gegebenen Gemeinwesen bringt Kindern kaum Vernünftiges bei, sondern sortiert sie nach Verwertbarkeit für die Zwecke des Kapitals. Zimmermann dachte, mir stünde eine Lehre bevor. Wie er aufs Schlosserhandwerk kam, weiß ich nicht. Im Nachhinein schmeichelt mir die Idee: Der Beruf ist nützlicher als der, den ich heute ausübe. Der Lehrer las damals aus seiner im Kopf gespeicherten Statistik wie aus Kaffeesatz: Ich war das Kind einer alleinerziehenden zahntechnischen Angestellten, nicht der Sohn eines Anwalts oder anderer Kleinstadtgottheiten, die ihre Brut zum Studieren schicken konnten.

Das Gymnasium galt aber als Startrampe für den Höhenflug zur Uni; an mich war's daher verschwendet. Eine Lehre wäre vernünftiger, urteilte der strenge Mann. Ich habe mich, weil ich heimlich wusste, wie Recht er hatte, in das, was später entgegen seinem Beschluss mein Beruf wurde, so sehr verbissen, dass ich mir schließlich jeden anderen Weg verbauen musste.

Auch den akademischen: In die Physik zum Beispiel, eine Lebensliebe, fand ich, als ich dann doch ein Weilchen zur Uni ging, nur wenige, zaghafte Millimeter weit hinein. Ich hörte Vorlesungen, quälte mich sehr kurz mit dem Erlernen technischer Fertigkeiten und muss noch heute das Gesicht verziehen, wenn irgendwer sagt oder irgendwo steht, ich hätte Physik studiert. Ich hab's *versucht*. Das ist was anderes.

Schon vor den vielen Übungen, mit denen dieses Studium vernünftigerweise beginnt, zuckte ich aus Mangel an Begabung und im Bann gewinnbringender Schreibgelegenheiten zurück. In keinem Fach, auch nicht in zwei leicht erlernbaren, weil aus geisteswissenschaftlichem Nebel gemachten, die ich mir einige Wochen lang ansah, habe ich an der Universität auch nur die erste ernstzunehmende Prüfungsebene erreicht.

Stattdessen machte ich zwar keine Schlosser-, aber eine Schreiblehre. Das tat ich ganz so, wie ein Lehrling lernt: mit festen Zeiten, je vorab bestimmtem Pensum, viel Abgucken bei der Meisterin und beim Meister, Pauken von Regeln.

Die waren und sind seither meine besten Freundinnen.

Es steckt aber ein Trick in diesem Satz.

Er klingt nach Automatik, nach traumlos tätigem Schlaf. Das täuscht. Man kann Regeln nämlich träumen und Träume regeln, *dreaming in five dimensions,* wie Egan sagt, wenn man nicht irrtümlich glaubt, man verfüge über Regeln allein aus eigener Machtvollkommenheit. Die Wahrheit ist, dass die meisten Menschen, die wähnen, sie hätten Macht über irgendwen oder irgendetwas, in Wahrheit nicht einmal Macht über sich selbst haben, weil sie als Menschen nie nur sie selbst, sondern stets aus Spuren anderer Menschen zusammengesetzt sind: gesellschaftliche Erzeugnisse.

Was Menschen Regeln nennen, sind Beziehungen von Momenten menschlicher Praxis zueinander, keine Objekte, die man in die Hand nehmen kann.

Der Junge, der kein Schlosser wurde, brauchte und braucht Regeln, weil er sich auf sich selbst nicht verlassen kann und will. Er ist kein guter Mensch, aber ein gutes Beispiel. Vergessen Sie das nicht; es wird sich rechnen.

Lassen wir aber mich und meine Mängel jetzt fürs Erste beiseite. Ich will Ihnen etwas anderes erzählen, über Vorbilder und über das Gelungene. Ich rede jetzt über diejenigen, von deren Arbeit aus ich meine Regeln hochabstrahiert habe, über Anne Garréta, Unica Zürn, Marianne Fritz, Nicky Drayden … die Darstellung der Leute, denen das Schreiben glückt, wird mit der Darlegung der Regeln verflochten sein; ich kann nur hoffen, dass das Bild ein bisschen lebt, da doch sein Gegenstand das tut.

Fangen wir an mit Anne Garréta.

Seit ich lese, um zu schreiben (das heißt: seit etwa dreißig Jahren), ist mir wenig begegnet, das mich so beglückt wie Garrétas Werk. Wenn meine Bücher immer wieder sagen: »Menschen sind aus anderen Menschen zusammengesetzt«, dann kann ich das überhaupt nur sagen, weil ich meine Abneigung gegen das Gemeinwesen, in dem diese Einsicht kaum vorkommt, im Griff behalte, solange ich Maßstäbe der Kritik an diesem Gemeinwesen kenne. Sie heben mir das Falsche in den Kontrast, der es beobachtbar macht. Die Gegenmaßstäbe sind die Bewunderten, zum Beispiel Anne Garréta.

Sie hat ihre künstlerische Individualität nicht nur *gegen* besagtes Gemeinwesen ertrotzt, sondern sie auch *in* und *mit* einer Gemeinschaft erarbeitet. Diese spezielle, kleine Gemeinschaft wird nicht von Blutsbanden, politischer Programmatik, Nationalität oder religiösem Bekenntnis zusammengehalten, sondern von der ästhetischen Regelerkundungsbereitschaft derjenigen, die ihr angehören.

Sie heißt »Oulipo«.

Das Wort steht für *Ouvroir de Littérature Potentielle*, also »Werkstatt für Potentielle Literatur«. Diese Werkstatt wurde vor etwa sechzig Jahren in Frankreich beim Versuch ins Leben gerufen, mathematische Verfahren auf die Dichtung anzuwenden. Der reichte vom aleatorischen Buchstabengeschüttel, bei dem auch mal Lettern aus dem Wortbestand fallen, bis hin zur Neuerfindung umfassender, meist epischer oder lyrischer (kaum je dramatischer) Formen.

Was die Leute bei Oulipo taten und tun, ist ein Sonderfall der

ERSTEN REGEL BEIM LITERARISCHEN SCHREIBEN,

der ich gehorche. Sie lautet:

Beginne von der Idee her, dass Sätze aus anderen Sätzen zusammengesetzt sind, Wörter aus anderen Wörtern, bedeutungsfähige Zeichen aus anderen bedeutungsfähigen Zeichen. Beachte deine drei notwendigen und hinreichenden Organisationsprinzipien fürs Zusammensetzen von Zeichen aus Zeichen: Thema, Stoff und Form.

In der Regel steckt meine Auffassung vom Literarischen *tout court*: Der literarische Text, wie ich ihn schreibe, lese und verstehe, nimmt sein Sprachmaterial

Erstens aus denjenigen Zeichen, die sein *Stoff* im Gedächtnis der Autorin oder des Autors sowie in den ihr oder ihm verfügbaren *Archiven* und *Medien* anzieht (etwa Hexenzeichen, wenn's der Fauststoff ist),

Zweitens aus denjenigen Zeichen, die sein *Thema* aus denselben Quellen schöpft (etwa Zeichen für Geld, Wissen und Technik, wenn's, wie bei Goethes »Faust«-Dramendyade, die Heraufkunft des bürgerlichen Zeitalters ist),

und

Drittens aus denjenigen Zeichen, die seine *Form* aus abermals allen zuhandenen Quellen ruft (wenn ich etwa in gebundener Rede schreibe, kann ich nur Wörter gebrauchen, die sich nach Länge und Betonung ins Maß fügen).

Wichtig an der Triade Stoff-Thema-Form ist nicht so sehr das, was sie mitnimmt, als vielmehr das, was sie ausschließt: etwas, das der Liebesbrief verlangt wie der Geburtstagsartikel über Tsui Hark in der Frankfurter Allgemeinen Zeitung. Denn beide sortieren die vom Stoff, vom Thema und von der Form aggregierten Wörter und Wendungen nicht nur von diesen Aggregatoren aus, sondern nach brauchbaren und unbrauchbaren im Blick auf die Erwartungen der Autorin und des Autors von den Erwartungen des Bewusstseins, das lesen soll (»Erwartungserwartungen«, wie Niklas Luhmann sagt).

Sie denken an die geliebten Personen; an die Leute mit dem Online-Abonnement; an *Rezeption*.

Das dürfen sie und das müssen sie.

Aber *Literatur*, wie ich sie verstehe, muss und darf das im Ursprung (»Beginne mit …«) nicht. Zu hundert Prozent lässt sich der Ausschluss von Erwartungserwartungen vom literarischen Schreiben zwar in Wirklichkeit kaum einrichten. Man spürt dabei ja vom ersten Wort an den Sog jeder als Mitteilung geeigneten Äußerung hin zum Publikum.

Beim *Entwerfen* von Literatur, *als Kunst aufgefasst*, ist dieser Sog aber nach einer Devise zu behandeln, die dem Muster »Die Verfassung steht überm Einzelgesetz« entspricht: Wo Stoff, Thema oder Form ein Zeichen rufen, das *kein Publikum* hat, muss der literarische Text dennoch mit diesem Zeichen arbeiten; um den *möglichen* Preis des Befremdens oder der Ablehnung, wenn das Publikum liest, aber bei *sicherer* Strafe des Verlusts der literarischen Qualität im Fall der Aussonderung solcher Zeichen.

Das heißt nicht, dass der literarische Text asozial wäre.

Er zwingt bloß das, was an ihm sozial ist, unter die genannte Regel, denn ihn interessiert am meisten, ob man etwas sagen kann, was nicht schon alle wissen und was nicht alle sofort verstehen.

Das vorausgesetzt, gerät das Schreiben, weil es den erwähnten Sog zum Publikum gleichwohl gibt, sofort in eine spannungsgeladene Klemme. Deren Gestalt wird manifest in meiner

Zweiten Regel beim literarischen Schreiben.

Sie ist der ersten scheinbar entgegengerichtet, in Wahrheit jedoch ein sehr bewusst vorgenommener Dreh (im Sinne von »Twist« bei Plotkonstruktionen) an ihr. Die Regel lautet:

Sofern das schreibende Bewusstsein kunstgemäß verfährt, steckt das Publikum, dem man nicht nach dem Mund schreiben soll, nicht im Zweck des Schreibens, sondern im Stoff, im Thema und in der Form. Erst wo der zweite Arbeitsgang, der nach der Akkretion des Wortmaterials zu ersten Sätzen statthaben muss, die Umrisse dieser Publikumspräsenz freilegt, wird das Publikum die Instanz, die der Text ansprechen kann.

Was soll das heißen?

Das soll heißen, dass der Stoff, etwa die Faustgeschichte, von Leuten handelt *wie* denen, die den Text lesen (oder, in diesem Fall, etwa als Drama sehen). Das soll heißen, dass die Figur Faust dem bürgerlich wissbegierigen Dramenpublikum *gleicht*.

Inwiefern »gleicht« sie ihm?

Das fragt die Arbeit am literarischen Text, sobald der seine Sprache gemäß der ersten Regel gefunden hat. Es gibt mehrere Möglichkeiten: Sind meine Figuren oder Figurationen, Gestalten oder Gedanken im Text, mit den Personen, die sich deren Taten und Erleidnisse von mir darstellen lassen, und deren Erlebnis- und Gedankenmustern *unmittelbar identisch*? Sind sie ihnen eher irgendwie *äquivalent*? Welche Beziehung unterhalten die von mir entdeckten oder erschaffenen Gebilde überhaupt zu den Vorstellungsinhalten des Publikums, welche sollen sie haben, was heißt »identisch«, was heißt »äquivalent«, wie nah muss ich ihnen sein, um das herauszufinden?

Was heißt »Nähe« dabei, wie ist sie zu erzeugen?

Unterschiedliche Antworten auf diese Fragen bringen beispielsweise die Kontraste zwischen den Menschenruinen bei Samuel Beckett einerseits und den Übermenschen bei Ayn Rand andererseits hervor.

23

Dass mein Publikum im *Thema* steckt, heißt zum Beispiel, dass die Probleme, die mein Stoff sinnlich oder begrifflich anbietet, auch Probleme meines Publikums sind.

Dass ich die *Form* von bewunderten Autorinnen und Autoren stehle, heißt zum Beispiel, dass mein Publikum die von mir Bewunderten ebenfalls bewundern würde, wenn es sie läse – nebenbei: Diese Überzeugung verleiht bei mir einer negativen Erfahrung Resonanz, nämlich dass diejenigen, die nicht gern Texte der Leute lesen, die ich bewundere, auch mich nicht gern lesen.

Die Autorinnen, die mir die liebsten sind, kommen da, wo mein eigenes Schreiben verrissen wird, gar nicht erst vor. Kein Mensch in Deutschland, jedenfalls im Feuilleton und an der Uni, liest Carol Emshwiller, Joanna Russ, Greg Egan, Caitlín R. Kiernan, Steve Aylett oder Michael Cisco. Mir sind das Göttinnen, Götter.

Die Regel Nummer Zwei, wonach das Publikum in Stoff, Thema und Form stecken soll und nicht im Ehrgeiz, gelesen und gehört zu werden, hat mir der Zufall in die Schreibmaschine gefüttert. Es ergab sich, dass ich meine frühesten literarischen Texte nicht über irgendwas oder irgendwen, sondern über bewunderte und geliebte Mitschülerinnen und Mitschüler schrieb. Ohne lange darüber nachzudenken, tat ich das gleich in Formen, die von bewunderten Schriftstellerinnen und Schriftstellern stammten. Deren Texte wiederum kannte ich nur, weil nicht irgendwer, sondern wieder: bewunderte und geliebte Mitschülerinnen und Mitschüler oder vertrauenswürdige Erwachsene mich auf sie hingewiesen hatten.

Ohne Menschen namens Mark Ginzler und Katja Wetzel hätte ich damals wohl kein Buch von Stephen King in die Hand genommen. Ohne einen Freund meiner Mutter namens Stefan (oder Stephan? Es ist lange her) hätte ich keine Seite »Perry Rhodan« gelesen. Ohne den Vater des Mitschülers Human Chahdousti-Echtehard hätte ich entweder viel später oder überhaupt nie die Zeitschrift »konkret« entdeckt, aus der ich von Irmtraud Morgner und Arno Schmidt erfuhr.

Bewunderte und geliebte Menschen waren, so wollte es besagter Zufall, nicht nur Gewährsleute für Stoffe, Themen, Formen, sondern zugleich das erste Publikum meiner (proto-)literarischen Texte.

Ich glaube, die ganze Schreiberei fing mit einem Geschenk für Melina Rauch an, eine Klassenkameradin, wie man damals noch sehr deutsch sagte. Ich hatte kein Geld, aber meine Mutter besaß eine Schreibmaschine. Papier war auch da. Was schenkt man?

Eine Erzählung von rund dreißig Seiten. Wir waren die Heldinnen und Helden darin, meine Leute und ich.

Spielte das Ding in der Zukunft? Ich weiß es nicht mehr.

Die Handlung späterer Texte, an die ich mich genauer erinnere, aus der Zeit zwischen 1984 und 1987, trug sich jedenfalls ganz sicher in den Jahren nach 1990 zu. Die Figuren, die ich den Bewunderten und Geliebten nachempfunden hatte, sollten nämlich etwas tun und erleben, das gesellschaftliches Gewicht hatte, damit es ihre bewunderten und geliebten Eigenschaften zur Geltung brachte. Ich war damit unbewusst sozialistischer Realist in dem Sinne, dass zum sozialistischen Realismus, anders als zum bürgerlichen, bekanntlich die Figur des aktiven Helden oder der aktiven Heldin gehört, die Gestalt, die etwas Richtiges bewirkt. Kinder dürfen nichts ändern, nahm ich an, also machte ich uns älter.

Dieses Manöver hat womöglich mehr mit meinem Weg in die Science Fiction zu tun als der Fund in der Restekiste einer Schopfheimer Buch- und Schreibwarenhandlung, den ich herzeige, wenn jemand wissen will: Wie ging es bei dir los?

Der Fund (ich habe davon oft erzählt, auch in »Niegeschichte«) war ein deutsches Auswahlbändchen mit Erzählungen aus dem »Magazine of Fantasy and Science Fiction«. Darin stand die Erzählung »Jeffty is Five« von Harlan Ellison, übersetzt als »Jeffty ist fünf«; meine erste bewusste Literaturerfahrung.

Als Kind, würde ich heute sagen, *erlebst* du das Erzählen, das dir vorgelesen wird oder das du selbst liest, und nimmst dabei höchstens dunkel wahr, dass es sprachlich durchgearbeitet ist (falls sich das so verhält). Die Schlusspointe der »Jeffty«-Erzählung aber erzwingt, weil Ellison in ihr zentrale Informationen implizit statt explizit mitteilt, selbst beim Unbedarften, wie ich damals einer war, die Reflexion des literarischen Gebildes. Mir zeigte dieses Erlebnis, dass solche Reflexion auf die Mittel der Kunst die Kunsterlebnisintensität nicht nur nicht herabsetzen muss, sondern sogar steigern kann. Man mag das alles im Einzelnen in »Niegeschichte« nachlesen.

Freuen durfte ich mich, wenn 1985 Claudia Senn eine Liebesgeschichte, die ich einer ihr nachempfundenen Figur in einem Romänchen anhängte, mit anerkennendem Lächeln honorierte, oder wenn Mark einen Witz gelungen fand, den ich mir mit einer Figur erlaubte, die für ihn stand, oder wenn Melina fragte: »Wann gibst du mir den Schluss?«

Ich schrieb nach jener ersten Erzählung bald Fortsetzungstexte und hielt mich dabei nicht *bewusst* an meine beiden ersten Regeln, weil ich sie noch nicht kannte, aber *by default* waren meine Themen, Stoffe und Formen von Anfang an bei und in meinem Publikum gegenwärtig und umgekehrt. Aus dem Sog wurde ein periodischer Motivationsschub: Indem ich Fortsetzungen lieferte, sorgte ich für Zwischenreaktionen, die mich zum Weiterarbeiten anhielten. Selbstdisziplin und Produktivität, zwei Säulen meiner Schreiblehre im Praktischen, stammen aus dieser Zeit.

Später las ich bei der bewunderten Marianne Fritz über einen Bänkelsänger die Formel, dieser sei »die Zeitung des Landes«. Ich war, fiel mir ein, zwar nie die Zeitung eines Landes gewesen, nur die Zeitung einer bestimmten kleinen Gruppe eines bestimmten Jahrgangs am Theodor-Heuss-Gymnasium in Schopfheim im Wiesental, aber: immerhin.

Die Informationen zu den Haltungen, die ich, kleine Zeitung, damals verbreitete, waren konkret und abstrakt in einem: Claudia fährt so Fahrrad, wie man die Welt regieren sollte, oder: Katja Wetzel sieht mit ihren braunen Locken aus wie ein Gemälde, falls ein Gemälde etwas ist, das nicht ruht, sondern sich bewegt, sobald man es ästhetisch verstanden hat, oder: Oliver Dombrowski ist eine Art Anführer, aber nicht wie beim Militär oder bei den Nazis, sondern: Er macht etwas als erster, dann machen es alle, da das, was er vormacht, eine evident gute Idee ist, und schließlich: Melina sagt immer dann gar nichts, wenn das gerade die entscheidende Stellungnahme ist, die alles vorher Gesagte schweigend derart ordnet, dass man danach vom Reden zum Handeln kommt.

Das Wertvollste an meiner Schreiberjugend scheint mir, dass ich ihr einen anderen Publikumsbezug verdanke als den der Konsumquotenerhebungen, auf die sich heute die Marketingmonster in Verlagen, beim Theater, beim Radio, in Film, Fernsehen und Netz berufen, während sie eifriger denn je tun, was sie immer getan haben: Druck aufs Schreiben ausüben, es solle sich simpler äußern, damit sie, die noch nie lesen konnten, keine Kopfschmerzen mehr kriegen, wenn sie es dennoch versuchen.

Meine Stoffe, Themen und Formen hatten für mich die Gesichter und Stimmen von Menschen. Die haben sie heute auch. Es sind jetzt nur andere als damals.

Wer so schreibt, interessiert sich wenig für den Scheingegensatz zwischen *realistischen* Kunst*absichten* einerseits und *phantastischen*, in der Realität nicht vorfindlichen *Stoffen*, *Themen* oder *Formen* andererseits. Wer diesen Scheingegensatz ernstnimmt, wird nicht begreifen, dass ein phantastischer Text zugleich ein realistischer sein kann. Um das nicht zu begreifen, muss man allerdings mutwillig ignorieren, dass zur menschlichen Wirklichkeit menschliche Vorstellungen nicht nur von der Wirklichkeit gehören.

Mit Göttinnen, Göttern, denkenden Apparaten oder Zeitmaschinen im Stoffbestand, also Angelegenheiten der Vorstellung, lässt sich durchaus eine Haltung gestalten, die in der vorhandenen Welt auf einen praktisch erreichbaren Zweck gerichtet werden kann.

Realistische Kunst ist eine, deren Haltungen in der Wirklichkeit zu etwas führen, das von denen, die diese Haltungen einnehmen, gewollt ist. Antirealistische Kunst, die es auch gibt, ist Kunst, deren Haltungen man nicht zweckmäßig umsetzen kann.

Science Fiction kann realistisch sein. Ein Drama, das ausschließlich aus Gerichtsprotokollen montiert ist, die man der Wirklichkeit entnommen hat, kann antirealistisch sein.

Realistische Kunst ist mir lieber als antirealistische.

Ich bin, wie Sie merken, jetzt beim Verhältnis zwischen dem Weltbezug der Kunst einerseits und ihrem Publikumsbezug andererseits angelangt.

Wenn ich das klären will, muss ich mir die in der ersten Regel meiner Schreiblehre erhobene Forderung, nicht aufs Publikum zuzuschreiben, genauer und anders anschauen als bisher.

Da sie das schreibende Bewusstsein in eine Art operativer Geschlossenheit seiner thematischen, stofflichen und formalen Arbeitsweisen einfädelt, kann die Erfüllung der Forderung, sich vom Publikum abzusondern, in den Weltverlust führen, in privatsprachliche Sackgassen des Antirealismus, aber auch in ästhetisch produktive Irrlehren.

Zu diesen gehört der berühmte apodiktische Satz von Stéphane Mallarmé, Gedichte bestünden aus Wörtern, nicht aus Ideen.

Thema und Stoff werden in diesem Satz kurzerhand der Form geopfert.

Der Satz überdehnt damit meine Regel Nummer Eins. Das ist ein menschentypischer Umgang mit Gesetzen, denn *a man's reach should exceed his grasp*, wie Browning richtig sagt. Peter Hacks hat Mallarmé mit einigem Zeitabstand widersprochen: Gedichte, stellte er richtig, bestehen nicht aus *Wörtern*, sondern aus Wörtern, *die etwas bedeuten*.

Als wüsste er das nicht, wirft Mallarmé aus dem Zirkel derer, die beim literarischen Schreiben in der ersten, grundlegenden, formativen Phase der Textarbeit mitreden sollen, nicht nur das lesende Publikum, sondern obendrein das schreibende Bewusstsein hinaus – nicht *ganz* willkürlich, wenn man die Regel für voll nimmt, weil dieses Bewusstsein ja *auch* eine Art Publikum ist: Man liest beim Schreiben als schreibende Subjektivität selbst mit und sollte sich nicht schmeicheln wollen. Indem nun aber Mallarmé vom Schreiben die Mitteilungsabsichten des Bewusstseins abzwackt, macht er aus der Textarbeit einen maschinellen Vorgang. Der hat seine Reize, aber es sind andere als diejenigen, die ich »literarisch« nennen würde. Wer etwa Oulipo auf dergleichen reduzieren wollte, verkennt den Witz an Oulipo, nämlich die Spannung zwischen Subjektivität der Mitteilungsabsichten und Objektivität der Regeln, an denen sie sich bewähren muss.

Mallarmé sprach seinen steilen, aber schiefen Gedanken in einem Augenblick der Kunst- und Kulturgeschichte aus, als die schöpferische Intelligenz merkte, dass sich nicht nur Naturprodukte, sondern auch Produkte des (etwa künstlerischen) Arbeitsprozesses, ja sogar Mittel dieser (und: jeder) Arbeit im Interesse der Verschiebung von vorgefundenen Zweck-Mittel-Relationen bearbeiten lassen. Man kann Bilder *über* Farben und Formen statt *über* Natur und Mythologie malen, nicht nur Bilder *mit* oder *aus* Farben und Formen, Musik *über* zwölf Töne, Gedichte *über* Wörter und so weiter.

Die Phantastik, das Meta-Genre aus mehreren Genres, zu dem die meisten meiner literarischen Texte gehören, schließt in ihrer Bearbeitung des Arbeitsmittels *Phantasie* einen Sondervertrag mit dem Publikum. Der verlangt von diesem Publikum, dass es nicht die Erwartung hegen soll, ihm werde eine Welt erzählt, die es mit seinen Erfahrungen und Intuitionen abgleichen kann. Damit das Publikum denen, die ihm diese Wehrlosigkeit gegenüber der Ontologie des Textes auferlegen, nicht davonläuft, haben die Kunstschaffenden der Phantastik Techniken erarbeitet, die ihre Leserschaft mit anderen Tugenden als der Überprüfbarkeit der Wirklichkeitsabbildung anlocken und bei der Stange halten: Tugenden der viszeralen Resonanz wie beim übernatürlichen Horror, der Katalogisierung kulturell standardisierter Imagines wie bei der Fantasy und schließlich der Funktionslust des spekulierenden Verstandes wie bei der Science Fiction.

Das alles steht in »Niegeschichte«.

Ich teste es derzeit, wie Mallarmé die Autonomie der Gedichtsprache gegenüber der Mitteilungssprache getestet hat: indem ich an einem Text arbeite, der nur dann überhaupt etwas mitteilt, wenn die Versuchsvoraussetzung stimmt.

Für mich ist dieser Text der wichtigste, den ich je zu schreiben versucht habe. Er wird den Untertitel »Sei ihr schwarzer Regenmantel« tragen, falls er jemals fertig wird.

In Wirklichkeit geht es um zwei Texte, den Regenmantel-text, dessen Dateien bei mir [R] heißen, mit »funky brackets« (Rudy Rucker) drum, die ihn zusammenhalten sollen, und einen zweiten Text, der im Gegensatz zu [R] nicht litera-risch ist, sondern essayistisch, zu komponieren aus Dateien, die [A] heißen; das steht für etwas beinah ganz Harmloses, Politisches, für Zusammenhänge rund um den Sozialismus und solche Späße. Der [A]-Text ist gleichsam der irdische Schatten des himmlischen Risikos, das der literarische [R]-Text eingeht. An beiden wird sich für mich entscheiden, ob meine Regelmaschine mir hilft, herauszufinden, was ich mit meiner Literatur und Essayistik will, oder eben nicht.

Die Formen, die ich für die Stoffe und Themen brauche, die der [R]-Text gestaltet, der für mich zur Phantastik gehört, hole ich mir bei Leuten, die kaum jemand zur Phantastik rechnet, unter anderem bei Anne Garréta. Als Oulipienne verwirklicht sie nämlich in jedem ihrer Texte die wichtigste Versuchsvor-aussetzung, von der das Regenmantelbuch ausgeht, die

Dritte Regel beim literarischen Schreiben:

Wenn dich deine Regeln einengen, demotivieren oder ärgern, reiß keine davon heraus, sondern erweitere dein Menü um Regeln, die mit »es sei denn« anfangen. Das naive, vor Re-geln zurückscheuende, vorkünstlerische Bewusstsein nennt sie »Ausnahmen«. Sie erzeugen aber in Abhängigkeit von anderen Regeln, denen sie widersprechen, Singularitäten. In-dem sie sagen, was nicht sein soll, sagen sie implizit, was sein soll, wodurch sie das sind, was sie sind, eben Regeln.

Wer diese Regel befolgt (und sei's, ohne sie bewusst zu ken-nen), erlebt Regeln *insgesamt* nicht als Zwänge, sondern als Werkzeuge zur ständigen Verbesserung der eigenen Aufmerksamkeit beim Schreiben. Solche Aufmerksamkeit, einmal geweckt, ist Befreiung von Routine und Stumpfsinn, den Hauptfeinden des literarischen Schreibens (sehr treffend sagt das der Untertitel eines Aufsatzes von Anna Aslanyan über Oulipo, der im Times Literary Supplement vom 14.2.2020 erschienen ist: »The group that freed themselves by inventing rules«). Anne Garréta hat diese Aufmerksamkeit an einem besonders umkämpften Gegenstand bei sich geschärft, an den *Geschlechterverhältnissen* in der Sprache, indem sie einen Roman namens »Sphinx« schrieb, der an entscheidenden Stellen die Geschlechtergrammatik des Französischen bewusst umgeht und damit wichtige Identitätsfeststellungsraster für Figuren aus dem Text verbannt.

Die Hauptregel in »Sphinx« lautet: »Hier wird nicht verraten, welchem Geschlecht die Figur/die Figuration zugerechnet werden kann, um die es zentral geht.«

Die Regel macht viele Wörter dem Bewusstsein fremder, als sie ihm andernfalls wären. Diese Fremdheit erzwingt einen gesteigerten Respekt vor den Vermittlungsaufgaben zwischen Stoffen, Themen und Formen, die das literarische Schreiben regieren. Und so ein Respekt atmet im Text als eine Sorte Schönheit, zu der man anders nicht käme. Er bringt nämlich Sätze hervor wie einen über Tanz als Sprache und Sprache als Tanz in »Sphinx«:

Mon corps ne touche plus terre, je le sens s'envoler, ballotté se balancer un instant au gré de vagues.[3]

Emma Ramadan hat das großartig ins Englische übersetzt als

My body is no longer touching the ground; I feel it take flight, trying to balance, shunted about at the whim of the waves.[4]

32

Und Alexandra Baisch hat das großartig ins Deutsche übersetzt als

Mein Körper berührt die Erde nicht mehr, ich spüre, wie
er davonfliegt, wogend für einen Moment das Gleichge-
wicht erlangt.[5]

Das Deutsche und das Englische besitzen nichts, was den
klingenden Wortwert der französischen Wendung »balloté
se balancer un instant au gré de vagues« in einer Übertragung
bewahren könnte. Aber das Französische und das Deutsche kennen wiederum nichts, was die Magie der Wendung
»shunted about at the whim of the waves« erfassen könnte.
Und weder das Englische noch das Französische besitzen
eine Prägung vom Volumen des deutschen »wogend«. Die
ganze, von Garréta zwar nicht selbst kontrollierte, aber eben
ermöglichte Pracht in drei Zungen verdankt sich, als Folge
erhöhter Präzision beim Wörterdenken, dem Umstand, dass
die Autorin in »Sphinx«, wie Antje Rávic Strubel sagt, »das
Unmögliche versucht« hat, nämlich »eine Liebesgeschichte
ohne Geschlecht zu erzählen.« Der Witz daran ist natürlich,
dass »Geschlecht« in diesem Regelspiel weder reduktionisti-
scher Biologismus noch poststrukturalistisches Transmeta-
physikum sein soll, sondern *Grammatikfrage*.

Schon mit einfachsten Regeln wie: »Stelle die Buchstaben
um, bis sie etwas anderes sagen« kann literarisches Schreiben
den Schlaf der Sprache aufwecken, die, schlafend, im Alltag
nicht ahnt, dass die besten Regeln sich in ihrer kunstgemäßen
Anwendung auflösen.

Kraftanwendung in Anmut, verflüssigte Arbeit, so singt
das zum Beispiel in der anagrammatischen Wandlungskas-
kade, die Unica Zürn unter der Titelzeile

Das Bett ist meine Zuflucht vor dem Leben

1959 aufgeschrieben hat – vier Zeilen:

Schatten vom Liebesblut, Federmund, Zeit,
Zaubert mein Bett voll Fische. Stunde dem
Nebel im Zimtbad entfluechtet, Vers du, so
Lebend, zerfliessend im Tau vom Bett-Tuch.[6]

Achten Sie darauf, welche Buchstaben wo genau welche Verwendung finden, was wiederholt, was variiert und was weggelassen wird. Achten Sie aufs Detail, den niedlichen Bindestrich zwischen den Wortbestandteilen »Bett« und »Tuch« im letzten Wort des letzten Verses etwa: *sexy,* weil keusch, aufreizend-bescheidenes Eingeständnis der Montage.

Hat man die Frau, die der Sprache dieses Lied vermachte, dafür auf den Schultern durch die Straßen getragen und ihr gehuldigt? Nein.

Sie hatte Mühe, zwischen Alltag und Psychiatrie zu manövrieren.

Am Ende nahm sie sich das Leben.

Ich habe noch so eine scheußliche Information für Sie.

Die Dichterin Marianne Fritz, die ich schon mit ihrem Bänkelsänger-Bild von der »Zeitung des Landes« zitiert habe, konnte ihr letztes Werk nicht vollenden, weil sie mit achtundfünfzig Jahren an einer Blutkrankheit starb, nachdem zuvor ein Satiriker sie beschimpft hatte, ihre Sprache sei »Terror«.

Die Geschmähte konnte, wie Unica Zürn, vieles, was ich können will. Es hat nicht gereicht, um die Aufgaben zu bewältigen, die sie sich selbst gestellt hatte.

Ich glaube, ich arbeite auch deshalb so zögerlich und mühselig an meinem Regenmantel-Buch, weil ich weiß, was Leuten passiert, die sich literarischen Aufgaben zuwenden, für die sich außer ihnen selbst kaum jemand interessiert. Ich umkreise das Ding wie eine Motte die Glühbirne, berühre es alle paar Monate, spiele in veröffentlichten Texten darauf an – in der Erzählung »Hoffnung ruft Angst«, erschienen in der Anthologie »2029« (2019), wo von einem Buch namens »Sei ihr schwarzer Regenmantel« die Rede ist; im Roman »Neptunation« (ebenfalls 2019), wo sich Auszüge von Vorarbeiten zum Buch verstecken, schließlich am Ende der Erzählung »Du bist mir gleich«, (gleichfalls 2019), deren Schlusspassage einen Blick auf die logische Geographie wagt, in der jemand ein schwarzer Regenmantel sein kann.

Will ich im sechsten Lebensjahrzehnt doch noch eine Schlosserlehre anfangen, weil es mit dem Schreiben nicht geklappt hat? Kann Marianne Fritz helfen, Schutzheilige und Märtyrerin? Der Schatten der Dichterin liegt unsichtbar auf vielem, was ich schreibe, auf [R] auch, sogar auf Teilen von [A].

Meine »Niegeschichte« zum Beispiel heißt so, wie sie heißt, in Anspielung auf einige schwierige Stellen aus dem Roman »Dessen Sprache Du nicht verstehst«, den Marianne Fritz 1985 veröffentlichte. In diesem Roman geht es um Figuren mit Nachnamen wie »Null«, um Orte namens, etwa, »Nirgendwo«, um Österreich, den ersten Weltkrieg, das Proletariat.

Fritz erzählt, dass und wie sogenannte »Kulturträger« von dem, worauf es der Dichterin ankommt, dem Leben am Rand, nur sehr ungenaue Vorstellungen haben. Schlimmer: Auch bei anderen wollen sie nur sehr ungenaue Vorstellungen davon zulassen. Alles Gewesene soll nach ihrem Willen eingehegt sein von etwas, das Fritz im Buch »die Friedhofsmauern des Nurgeschichtlichen« nennt.

Gegen dieses Nurgeschichtliche wollen wichtige Figuren in »Dessen Sprache du nicht verstehst« etwas behaupten, schützen und weitergeben, das sie ihre »Nichtgeschichte«

nennen. Ein literarhistorischer Frontabschnitt des Krieges zwischen den Kulturträgern und ihren Feinden, von dem Fritz spricht, heißt nun ihr zu Ehren »Niegeschichte«. Erstaunlicherweise verrate ich diese Herkunft des Wortes aber im ganzen Buch nicht, das es als Titel trägt.

Versehen? Neurotische Fehlleistung?

Es ist mir erst nach Drucklegung aufgefallen.

Wenn ich mich in Eigenpsychoanalyse versuchen darf: Das Verschweigen der Inspiratorin ist bloß ein halbes. Marianne Fritz wird in »Niegeschichte« nämlich durchaus genannt, nur eben nicht als Vorbild. Sie kommt als Gescheiterte vor, in einer winzigen Bemerkung, die mich beschämt, weil man sie als Distanzierung lesen kann.

Es ist immer peinlich, zu begreifen, wieviel kleiner man ist als die Großen. Denen ging und geht es, weil niemand ihnen hilft, oft schlecht mit der Größe. Weil sie mehr und andere Regeln zulassen und bearbeiten als der Alltagsdiskurs, der meist nur Regeln hat, die eigentlich gar keine sind, sondern bloße Masken des Kanzelwortes »Des isch halt so«, müssen sich die Großen immer wieder anhören, sie schrieben *falsch*.

»Kulturträger« tun dabei so, als *beherrschten* die Dichterinnen und Dichter die Allerweltsregeln nicht, deren Ausnahmen ihre künstlerischen Regeln sind.

Weil also etwa Marianne Fritz Satzzeichen anders setzt, als Amtssprache und Konvention erlauben, heißt es, sie setze Satzzeichen verkehrt; da kann sie tausendmal erklären, was sie ihrem Lektorat in einem bestürzend defensiven Schreiben während der Arbeit an »Dessen Sprache du nicht verstehst« erklärt hat, nämlich, dass das vermeintliche Nichtrichtige »nur ein noch näheres Herangekommensein an eine Figur, an eine Situationskonstellation« sei.

Eine andere Passage im betreffenden Schriftverkehr, der Zeugnis gibt von der »dead end loneliness of a man who makes his own rules« (wie Hunter S. Thompson etwas nannte, das auch für »a woman who makes her own rules« gilt), klärt auf:

Was in Fragebögen auftaucht, was bei Meinungsumfragen eruiert werden möchte, was in Datenbanken gespeichert wird, was Formulare ›vermitteln‹, was der Pass ›weiterzählt‹, was Zeugnisse ›plaudern‹, was Zulassungen ›bestätigen‹, was Meldezettel ›berichten‹, was Entlassungen ›bescheinigen‹, was in einem Lebenslauf ›drinnen stehen soll‹, kurz was ist das, ein Lebenslauf? Sind die Hilfen, die Anleitungen und anderes mehr für leitende Angestellte, Personalchefs sowie Buchhalter, Gendarmen wie Polizisten, Richter, Rechtsanwälte und Staatsanwälte, Fürsorger, Meinungsforscher, Politologen wie Psychologen und Soziologen, Werbestrategen, reisende Vertreter und – Lebensläufe?
Formularlebenslauf-Sicht, mein Gebiet ist's nicht.[7]

Nehmen Sie diesen letzten Satz mit, wenn Sie sonst nichts mitnehmen von dieser Veranstaltung. Nehmen Sie mit, was Marianne Fritz darüber schrieb, wie die Kunst die Nichtregel »des isch halt so« sieht: *Mein Gebiet ist's nicht.*

Das Publikum bei einer Poetikveranstaltung wie dieser hier kann mit Namen wie Anne Garréta, Unica Zürn oder Marianne Fritz zweifellos eher etwas anfangen als mit dem Namen Nicky Drayden.

Anstelle der anderen drei hätte ich aber auch diesen Namen nennen können, um darüber zu reden, was ich an Vorbildern bewundere.

Nicky Drayden schreibt Science Fiction.

Ihr Schicksal verläuft bislang glimpflicher als das der drei andern Genannten, mit mehr Zuspruch, sogar auf dem

Jugendbuchmarkt. Ich habe ihre Bücher erst kennengelernt, als »Niegeschichte« schon fertig war, sonst hätte ich sie darin sehr gefeiert.

Vom Science-Fantasy-Debüt »The Prey of Gods« (2017) über den techno-theologischen Thriller »Temper« (2018) bis zum exobiologischen Mysterium »Escaping Exodus« (2019), schildert jedes Buch, das Nicky Drayden bis jetzt publiziert hat, je eine Welt, die nur in Sprache existiert, nirgends sonst.

Die afrodiasporische Autorin, die im Brotberuf als *systems analyst* arbeitet, gebraucht, damit Sprache ihre Welten halten kann, überall dem Alltagsreden ungewohnte Wendungen.

Für die Kommunikationsweise zukünftiger Menschen, die keine Worte kennen, hat sie die schöne Formel: »she said, not saying«.

Diese vier Worte bringen bei Drayden eine Figur zu ihrer beredten Nichtsprache, die am ohnmächtigen Rand der in »Escaping Exodus« geschilderten Gesellschaft steht, genau wie die Proletarierfamilie Null in »Dessen Sprache du nicht verstehst« von Marianne Fritz am Rand der ihren, genau wie die taumelnde Stimme in »Sphinx« von Anne Garréta oder das lyrische Ich in »Das Bett ist meine Zuflucht vor dem Leben« von Unica Zürn.

Weil in »Escaping Exodus« niemand je festen planetaren Grund und Boden unter den Füßen hat, sondern alle ein Lebewesen bewohnen, das im All treibt, wird die Biologie dieses Wirtstiers die physische wie logische Geographie des gesamten sozialen Lebens der Menschen dort.

Zwischen vielen Wörtern, die es nur in diesem Buch gibt, weil es die Sachverhalte, Sachen und Personen, die sie bezeichnen, nur hier gibt, Wörtern wie »Beastworker« oder »Contour Class«, herrschen dem Publikum anfangs unbekannte Familienbeziehungen, soll sagen: Regeln, die nur durch Handlungen der Figuren sichtbar werden.

Die Kraftfelder zwischen diesen Regeln laden alle Sätze poetisch auf, auch diejenigen, die Drayden mit Vokabular bildet, das dem Publikum bekannt ist:

I can taste the hope on her breath.[8]

oder

through the dank, dark twists of rerouted arteries[9]

oder

He reads poetry to my spleen. I tell fairy tales to his bile ducts.[10]

Nicky Drayden kann bei dieser Erzählarbeit zwar auf abstrakte Stilvorlagen des Genres Science Fiction rekurrieren, in dessen Tonarten sie musiziert, aber nirgends kann sie konkreten Text kopieren, um für die von ihr erfundene Welt die treffenden Worte zu finden. Es gibt keinen Stehsatz für die Sprache, die »Escaping Exodus« spricht.

Das, vor allem, verbindet Draydens Arbeit mit der von Garréta, Zürn und Fritz.

»Es gibt keinen Stehsatz« ist das Gegenteil von »Des isch halt so«.

II. Ansatz

I don't have talent, I have tenacity.
Henry Rollins

Ich bin also endlich beim Titel dieser Veranstaltung angekommen: »Stehsatz«.

Das Wort gehört für mich zur Arbeit bei der Frankfurter Allgemeinen Zeitung. Die war, blieb und bleibt meiner Literatur und meinem Weltsinn durchaus gefährlich. Denn zwar fand ich sie mit Anfang dreißig, nach ein bisschen Leben und »getarnter Arbeitslosigkeit« (Walter Dath, mein Vater, sehr richtig) und ohne langen Aufenthalt an der Uni, aber die Warnung von Rainald Goetz galt und gilt, dass man sich in Acht nehmen muss, wenn man zu denen gehört, die

> mit Mitte zwanzig, ohne irgendwas erlebt zu haben außer Uni, in irgend so eine prominente Redaktion eintreten. Da aufwachsen, versauern und verblöden. Plötzlich ist man ein irreversibel erwachsener Mensch und hat doch noch NIE für irgendwas Eigenes wirklich riskant Verantwortung übernehmen müssen. Dadurch entstehen Schäden am Geist, für den Schreibenden Zerstörungen mitten im Herz der Produktivkraft seiner Existenz. Gebrochene, Kaputte, Entkernte: Feuilleton als Beruf, das macht sie alle fertig.[11]

Seit zwanzig Jahren benutze ich bei der Frankfurter Allgemeinen Zeitung ein digitales Redaktionssystem namens HERMES. Darin gibt's ein Verzeichnis für Artikel, die zwar mehr oder weniger fertig, aber noch von niemandem redigiert, geschweige nach den Regeln der Orthographie und der

Grammatik korrigiert worden sind. Dieses Verzeichnis heißt FEUI, eine Abkürzung für »Feuilleton«.

Wir, die Redaktion, stellen unsere Texte dort ein, wenn sie sich der Vollendung nähern, und können mit verschiedenen Farbmarkierungen den Zustand des Artikels anzeigen sowie den Zugriff darauf beschränken. Wenn wir ihn »grau stellen«, kommt niemand ran außer uns selbst und Leuten mit gewissen technischen Privilegien.

Ein anderes Verzeichnis heißt STEFART. Das Kürzel bedeutet: »Stehsatz fertige Artikel«. Was in diesem Verzeichnis steht, kann und soll man drucken, am besten rasch, bevor es veraltet.

HERMES ordnet nicht endgültig.

Man kann einen Text aus dem STEFART wieder ins FEUI zurückstellen, wenn er geändert, ergänzt, gekürzt werden soll.

Das System ist außerdem überlagert von anderen Textverarbeitungsordnungen, solchen des Layouts oder der Online-Publikation etwa. Demnächst soll es ersetzt werden, aber in meinem Kopf wird's weiterleben, denn meine Schreiblehre sucht Ordnungen für Literatur, die denen im Arbeitsprozess bei der Zeitung ähneln, indem sie Geschriebenes per Überlagerung mehrerer Verarbeitungsvorgänge ordnen. In so einer Ordnung bleiben Texte zwischen verschiedenen Optionen in Bewegung, die von unterschiedlichen Zugriffsberechtigungen und Veränderungsgelegenheiten bestimmt sind.

Innerhalb der bekannten Poetik(en) wie Poetologie(n) und im Verhältnis dieser beiden zueinander herrscht seit Anbruch der Moderne ein zäher Streit darüber, ob die Frage »was will die Dichterin uns damit sagen?« fürs Literaturverständnis lebenswichtig sei oder, im Gegenteil, die unwichtigste (vom New Criticism bis zum Dekonstruktivismus war Letzteres *die* steile literaturtheoretische These des zwanzigsten Jahrhunderts).

Beide Ansätze sind unterkomplex, weil sie von einer fiktiven höheren Warte aus über die Konstellation zwischen einerseits Autorschaft durch Leserschaft und andererseits Leserschaft durch Autorschaft verfügen wollen, statt sich den verwischenden wie den schärfenden Effekten der Filterüberlagerungen auszusetzen, die in diesen Konstitutionsprozessen statthaben.

Subjektiv? Objektiv? Fakten? Darstellungen? Haltungen?

Eine Art Journalismus steckt in jeder Literatur, weil Haltungen, von denen Literatur handelt, sich auf Reales beziehen, das mit ihnen gemeinsam dargestellt werden muss, wenn man sie lesbar darstellen will.

Umgekehrt aber steckt *nicht* in jedem Journalismus eine Art Literatur.

Aufeinander bezogen, einander im Weg, einander hilfreich sind Literatur und Journalismus, seit es einen bürgerlichen Literaturmarkt gibt, auf epochenprägender Kunsthöhe ab Dickens und Balzac.

Autorschaft kann, wie diese beiden zeigen, mitten in der Meinungsindustrie blühen. Selbst im Kino, im Fernsehen, im Streaming hat sie ihr Auskommen gefunden. Bald aber könnte Schluss damit sein und der Witz Wahrheit werden, der in einer Folge der Comedyshow »30 Rock« auf einem Filmplakat zu einem »Transformers«-Blockbuster zu lesen ist.

Da steht:

WRITTEN BY NO ONE.

Sie wissen, was das heißt.

Sie haben Filme und Serien gesehen, die kein Mensch geschrieben hat, sondern ein Gremium. Sie haben Bücher gelesen, die kein Mensch geschrieben haben *kann*, nur ein Programm, das die Interessen der »Zielgruppe« kennt.

Wer nicht wehrlos zusehen mag, wie Autorschaft von derlei Medienpraxis gründlicher getilgt wird, als jede theoretische Rede von ihrem Tod sie je beschädigen könnte, wird aufhören müssen, sie als ein *Ding* zu sehen, das am Schreiben hängt wie der Henkel an der Tasse. Lektüre sollte lernen, Autorschaft und Leserschaft als ein *Handeln* unter *Regeln* zu verstehen, selbstgewählten wie entfremdeten.

Seit ich am Rand des Literaturbetriebs ein bisschen mitmachen darf, hat mir die Szene eine zweiwertige Typenlehre aufgedrängt: Die eine Sorte Mensch will Schriftstellerin oder Schriftsteller sein und muss dann halt schreiben, oft ungern; die andere will schreiben, und muss dann halt Schriftstellerin oder Schriftsteller sein, oft widerstrebend – böse Texte, gute Menschen und umgekehrt kommen dabei heraus.

Wird der Referent jetzt moralisch? Erklärt er endlich, warum er sagt, er sei kein guter Mensch, aber ein gutes Beispiel? Nein, immer noch nicht – erst müssen ein paar weitere Begriffe geklärt werden.

Ein guter Mensch, um damit anzufangen, ist auch dann gut, wenn das niemand mitkriegt. Alles andere wäre Heuchelei. Moralische Integrität darf man daher als radikale Privatsache betrachten, was keineswegs heißt, dass sie der Umgebung nicht zum Segen ausschlagen kann.

Literatur hingegen braucht und schafft Publikum. Selbst das literarisch gearbeitete *Tagebuch* hat eine Minimalöffentlichkeit; sie fällt zusammen mit dem schreibenden Bewusstsein.

Ist aber mit der Unterscheidung zwischen Moral und Literatur entlang der Grenzlinie der Öffentlichkeitsvoraussetzung schon geklärt, wie Fragen der Moral zu Literaturfragen stehen? Allenfalls beschreibend.

Ich kläre das als Regelgläubiger lieber normativ; also gibt es eine

VIERTE REGEL BEIM LITERARISCHEN SCHREIBEN,

die ich beherzigen will. Sie lautet:

Du darfst bei der literarischen Arbeit von Moral ausgehen, aber nicht auf sie hinauswollen.

Moralisches ist nicht zu deuten, sondern zu befolgen. Es will nicht begründet werden, sonst ist es soziale Zwecktechnik, nicht Moral.

Etwas, das man nicht deuten, nicht hierhin und dorthin drehen kann, weil es seinen Sinn in sich selbst trägt, ist als Literaturzweck ungeeignet, denn *Deutung* ist die Art, wie nicht nur Leserschaft, sondern auch Autorschaft Literaturzwecke entdeckt und miterzeugt.

Diesmal kein Textbeispiel, sondern eine Anekdote dazu: Peter Hacks, André Müller Senior und die Schauspielerin Anja Gregorek saßen einmal zusammen und unterhielten sich über Politik. Frau Gregorek wollte der bei diesem Thema unvermeidlichen Auseinandersetzung um divergierende Meinungen die Schärfe nehmen und bot sich als Vorbild der Mäßigung an: Sie erklärte, sie könne sich zwar irren, sei aber doch ein Mensch, der stets das Gute wolle und nie das Böse. Sofort schritt Hacks ein: »Aber ich bitte dich, zähle uns nicht dazu!«

Er meinte sich und Müller, zwei Schreiber, im Gegensatz zur Schauspielerin.

Schreiberinnen und Schreiber nämlich schreiben, was man deuten kann. Die Schauspielerin hingegen deutet gewohnheitsmäßig, was jemand geschrieben hat. Sie kann Richtung Moral arbeiten, gut für sie.

44

Wer dreht aber an welcher Schraube der Behauptung und Deutung, in welcher Richtung?

Wird sie festgezogen oder gelockert? So geht Literatur: ein Spiel mit hohen Einsätzen, auch moralischen.

Der Ernst der Moral will von Spielen naturgemäß Abstand halten. Soll er.

Meine vierte Regel, von der Anekdote bebildert, sagt, zum allgemeineren Zweck-Mittel-Prinzip erweitert: Vermeide beim Schreiben nicht allein den Blick aufs Publikum *als* Publikum (statt als Stoff-, Themen- oder Formanregung), sondern überhaupt den Blick auf einen außerliterarischen Kunstzweck (*again*, konsequent durchhalten kann das niemand: Wenn man etwa von Verkauf oder Verleih der schreibenden Kunst lebt, wird der Kunstzweck der Marktgängigkeit vom ersten Wort an präsent sein).

Moral ist ein besonders *grober* Kunstzweck. Er mag die Kunstausübung motivieren, er kann auch, wenn man mit ihr fürs Erste durch ist, das weitere, etwa geschäftliche Vorgehen mitbestimmen.

Aber beim literarischen Schreiben, wie ich es sehe, hat er nichts verloren.

Lebhafter formuliert heißt die Vierte Regel: Schreibe über die Welt, die du dir erschreibst, nicht als deren oberste moralische Instanz, sondern als ihre *negative* Intelligenz, die ihr *Ärger* macht, auf dass sie sich dazu verhalte. Schreibe nicht als der liebe Gott oder die liebe Göttin der Welt, die du baust, sondern als ihr Teufel oder ihre Teufelin.

Ich habe das vor fast vierzig Jahren ohne langes Überlegen gleich bei meinen ersten Erzähltexten so gemacht, angeleitet von Formvorbildern und deren Gestaltung von Horror- und Science-Fiction-Katastrophen.

Ich wäre allerdings nicht nur kein guter Mensch, sondern ein Schwein gewesen, wenn ich nicht doch gezögert hätte, als mir schließlich einfiel, es müsse die eine oder der andere von uns in einem meiner Texte *sterben*, damit's um mehr ginge als Ansichtssachen. Leben und Tod, erhöhter Einsatz: Wie schreibt man das?

Jemanden langsam und vor aller Augen zu verbrennen erwies sich als der massivste Stoff. Mir lag er nicht. Ich wollte aber dranbleiben; der Vorsatz »tödliches Gewicht« war ja gefasst. So verbrachte ich etwa einen Monat (mit Fünfzehn heißt das: ewig) in der evangelischen Stadtbibliothek damit, herauszufinden, wie ich die Szene würde schreiben können. Ich rede hier von mehreren Seiten über einen Brand im Sprachlabor meiner Schule. Darauf hatten mich die Glaswände gebracht, die in jenem Gymnasium zwischen Klassenzimmern und anderen Bildungs- und Erziehungsräumen eingezogen worden waren. Wenn man Ausgänge, dachte ich wie ein Terrorist, fest verschließt und ein Sprengmittel hochjagt zwischen den Tischen mit Aufzeichnungs- und Wiedergabegeräten, werden Kinder, Jugendliche, Lehrer, Lehrerinnen fliehen wollen, man kann das dann von außen sehen, es ist ja alles aus Glas.

Rauch entwickelt sich, schwarzer und grauer, bauschig wie Stopfpapier in einer Geschenkschachtel. Der Rauch drückt von innen gegen Wände und Fenster. Er macht die Leute blind, ätzt in den Augen, brennt in den Lungen. Jetzt müssen wir hilflos im Innenhof stehen und zuschauen, wie die Menschen sich gegen dieses Glas werfen, zunehmend vom Qualm unsichtbar gemacht. Irgendwann kickt nur noch ein Bein gegen die Scheibe, wie abgetrennt von der Person, die tritt, oder eine Hand patscht gegen das erhitzte Fenster, ein Gesicht presst sich dagegen.

Als die Szene fertig war, schlief ich ein paar Tage schlecht.

Während der Arbeit hatte mich das Schreiben abgelenkt vom Grauen, mit literarischen Binnenproblemen, Fragen wie:

Wird so ein Geschehen von vielen kurzen Sätzen oder von wenigen langen besser wiedergegeben? Falls lange die richtigen sind, dürfen das dann Hypotaxen sein, oder muss man's in Aufzählungen schreiben? Ich fand immerhin Lösungen, die funktionierten. Ruhigeren Schlaf verschafften sie mir nicht. Dass textinterne Probleme die moralischen, emotionalen und epistemischen Voraussetzungen und Effekte des Dargestellten beim Schreiben aber aufsaugen können, gilt nicht nur fürs Praktische. Es gilt auch für diejenigen Beschäftigungen am Rand des Schreibens, die überkommener Sprachgebrauch »theoretisch« nennt.

Bei mir zum Beispiel stellen Kategorientheorie, Informationstheorie, Inferentialismus und andere Reflexionsmuster Ressourcen dafür bereit, das jeweilige literarische Werkstück mitunter noch kurz vor der Veröffentlichung, die meinen subjektiven Schreibprozess (und gegebenenfalls ein intersubjektives Lektorat) in Warenform oder als Warenbestandteil (Zeitungsartikel etwa, Bestandteil der Ware Zeitung) objektiviert, per *last act of defiance* noch einmal mit Deutungsoptionen aufzuladen, die zu Zweifeln gegen Warenform und Dingschema aufreizen.

Die Warenform behauptet ja, der Text sei ein Ding und als solches, sobald »fertig«, nicht mehr zu ändern. Ich aber lerne, wie man gegen diese Behauptung angeht, wo ich zum Beispiel lerne, wie bedeutungtragende Strukturen auf-, ab- und umgebaut werden, wenn mir, sagen wir: Hans-Joachim Baues in einem Buch über Homotopietypen und Homologie zeigt, dass und wie bestimmte Äquivalenzen zwischen mehreckigen Körpern in Verallgemeinerungsbeziehungen zu reellen algebraischen Mengen stehen, weil Mathematik bei manchen Abbildungen ihre Strukturen vergessen kann, oder wenn ich in dem Aufsatz »Is ›the theory of everything‹ merely the ultimate ensemble theory?« von Max Tegmark ein Diagramm finde, das mehrerlei mathematische Struktursorten durch Anwendung von freien Funktoren oder Vergissfunktoren, also Abbildungen, die Ordnung erzeugen oder zerstören, auseinander hervorgehen lässt.

Ich habe selbstverständlich eine Regel, die mir genau dieses Lernen befiehlt. Es ist die

FÜNFTE REGEL BEIM LITERARISCHEN SCHREIBEN:

Wenn du gerade nicht schreibst, befasse dich damit, zu denken, zu verstehen und zu verbessern, wie und was du schreibst.

Sagt der Inferentialismus sensu Brandom, den ich nutze, um der fünften Regel zu gehorchen, die Wahrheit darüber, wie Menschen Zeichen benutzen, die etwas bedeuten? Ich bin sprachwissenschaftlich nicht qualifiziert, das zu beurteilen. Was ich aber beurteilen kann, ist, ob ich, wenn ich beim Schreiben das beachte und für voll nehme, was Brandom sagt, eher dahin gelange, dass der Text, den ich da schreibe, meiner eigenen Lektüre (und hoffentlich auch derjenigen anderer) gerade das sagt, was er sagen soll. Ich komme meinen Darstellungsabsichten so näher, und das ist mir viel wert, denn viele Texte, die ich geschrieben habe, bleiben hinter diesen Absichten zurück.

Ist die Kategorientheorie, die ich auch nutze, um der fünften Regel zu gehorchen, nur eine Mode, die derzeit aus der Mathematik ins Schöngeistige herüberweht wie vor einiger Zeit Fraktale und Chaostheorie, Kybernetik und Mengenlehre? Die Gegenfrage ist natürlich auch möglich: Ist diese Theorie, was ich persönlich für wahrscheinlicher halte, ganz im Gegenteil keine Mode, sondern ein Beitrag ersten Ranges zum Menschheitswissen, wie die Integral- und Differentialrechnung?

Meine Antwort auf diese Fragen: Die Schreiblehre kümmert der epistemische Status einer Theorie nicht. Sie will aus ihren Problemen Lösungen holen, die ihr dann neue Probleme machen. Mein »pseudophilosophischer Scheiß«, wie die ZEIT sagt, hat weder Wissenschafts- noch Wahrheitsanspruch, wie sie eine Poetik haben soll, und er will auch nicht *authentisch* sein, etwa als etwas, das *meins* wäre wie eine Poetologie.

Der Theoriezugriff der Schreiblehre nutzt Theorie als Katalysator, sonst nichts.

Weil sie so arbeitet, scheint diese Schreiblehre auf den ersten Blick überschaubarer als Poetik oder Poetologie.

Zweifellos lebt sie dichter am Boden als diese beiden, trotz Abstraktion. Mir scheint, das macht sie auch wendiger, schneller. Frieden zwischen mir und der Welt, in der ich schreibe, stiftet sie allerdings keinen, und allzu einfach macht sie's mir auch nicht.

Was sie stiftet, werden die nächsten beiden Teile der Schreiblehre schildern: unversöhnliche Feindschaft.

III. Einsatz

Fangs crowd my mouth, slick with saliva, and my whole body
trembles with hesitation. And anticipation.
Nicky Drayden

Jetzt, da Ihnen die Regeln bekannt sind, in deren Spannungs-
feld ich mich als schreibendes Subjekt herstelle und bewähren muss, wird es um Intersubjektives gehen.

Streit, Umstrittenes, Gesellschaft: Ich möchte Sie zunächst mit ein paar kurzen Texten bekanntmachen, die ins
Thema führen.

Diese Texte haben viele Leserinnen und Leser. Sie erreichen und bilden eine eigene Öffentlichkeit, die Literatur
kauft, vielleicht sogar liest. Oft wird, wo Literaturschaffende
unter sich sind, über solche Texte gelacht. Es gibt da aber
nichts zu lachen. Wer Literatur liest und schreibt, sollte
die Verfasserinnen und Verfasser solcher Texte ebenso wie
diese Texte selbst ernster nehmen als alle Absatzprobleme
auf dem Buchmarkt, ernster auch als die Verwahrlosung der
Rezensionskultur, die vor lauter Stoff- und Textherkunfts-
verblendung nur noch sagen und schreiben kann, was in
einem Text alles vorkommt und wer ihn geschrieben hat,
aber kein Thema wiederzugeben weiß, von Formurteilen
ganz zu schweigen.

Ich möchte mit einem Text über den 1945 in New York
auf Deutsch und Englisch erschienenen Roman »Der Tod des
Vergil« von Hermann Broch anfangen. Der Text hat einen
an seinem Veröffentlichungsort ausgewiesenen Verfasser namens Peter Hartmann und trägt die Überschrift: »Komma,
Komma, Komma, Komma, Komma, Komma, Komma .....«

Dann folgt dies:

also ich habe wahrlich schon unendlich viele Romane gelesen, mein Lieblingsautor war J. M. Simmel. Aber hier habe ich das Buch nach 5 Minuten sofort zur Seite gelget, abgehakt. Nichts für mich … beim Lesen möchte ich Unterhaltung, Spaß haben, mich reinlesen in die Geschichte, dabei sein. Hier aber muss man sich derart konzentrieren, da die Sätze der ersten Seiten teilweise 20 Zeilen lang (bestückt mit 15 Kommas) sind. Die Sätze nehmen irgendwie gefühlt gar kein Ende, das kostet Anspannung! Mag ja vom Inhalt her hochkarätig sein, aber mir macht das Lesen so keine Freude … das tue ich mir nicht an …

Das erste Wort, »also«, ist klein geschrieben, statt »gelegt« steht da »gelget«. Das kann passieren; wer schreibt, begeht Nachlässigkeiten. Ich will sie nicht auf solche Kleinigkeiten hinweisen, die allerdings in den Zitaten dieser Texte ab hier stets unkorrigiert bleiben, sondern auf eine Tendenz. Deren korrektes Bild braucht mehr Beispiele, also gleich weiter – unter der Überschrift »Nicht geschafft« schreibt ein Stefan Ulrich über den Roman »Die Erfindung der Roten Armee Fraktion durch einen manisch-depressiven Teenager im Sommer 1969« von Frank Witzel aus dem Jahr 2016:

Ein Buch, das es nach 120 Seiten nicht geschafft hat, seinen Leser für die Handlung und/oder die handelnden Personen zu interessieren, ist es nicht wert, gelesen zu werden.

Und weiter: Ein Dr. med. Rainer Michels MA veröffentlicht an dem Ort, an dem sich auch Stefan Ulrich über Witzels Buch äußert, über denselben Roman unter der Überschrift »Pseudo-intellektuelles Geschreibsel eines Studienabbrechers« die Sätze:

Fürchterliches, langatmiges Buch eine pseudo-intellektuellen Studienabbrechers. Bereits in der ersten Semestern seines abgebrochenen Philosophie- u. Soziologiestudiums fühlte sich Frank Witzel berufen, als Schriftsteller tätig zu werden. Das letzte klägliche Ergebnis liegt mit diesem Buch nun vor. Ich habe mich durch die ersten 400 Seiten gequält u nunmehr beschlossen, mir damit nicht auch noch den restlichen Urlaub verderben zu lassen.

Mehr: Ein anderer, der nur »Dr. M« heißen mag, äußert sich unter der Überschrift »Bekenntnisse eines verwirrten Geistes« über das Prosabändchen »Dunkler Frühling« von Unica Zürn aus dem Jahr 1969:

Vermutlich hätte ich diese kurze Erzählung nicht gelesen, wenn mir ihr wirklicher Inhalt vorher klar gewesen wäre. Im Klappentext liest man von einer »beklemmenden Studie eines pubertierenden Mädchens auf dem Weg ins Erwachsensein«. Einzig das Wort »beklemmend« stimmt davon. Es folgen dann noch weitere Sätze dieser Art, die den tatsächlichen Inhalt des Buches nicht wiedergeben.
Unica (eigentlich Nora Berta Ruth) Zürn litt in ihrem letzten Lebensjahrzehnt unter einer paranoiden Schizophrenie. Und in dieser Zeit entstand wohl auch »Dunkler Frühling«. Zürn erzählt dort vermutlich Teile ihrer Kindheit aus der Sicht ihrer damaligen Gegenwart. Und sie nimmt ihr eigenes Ende vorweg. Wie das namenlose Mädchen aus ihrer Geschichte wird Zürn wenige Jahre später den gewollten Tod nach einem Fenstersturz finden. Beklemmend wirkt nicht allein die trostlose Geschichte, sondern auch der sachliche Stil, in dem sie erzählt wird. Angeblich kann sich dieses Mädchen noch an den Geruch des Vaters erinnern, als es ihn kurz nach ihrer Geburt

wahrnahm. Mit dieser eher unwahrscheinlichen Erinnerung beginnt die seltsame Beziehung des Mädchens zum anderen Geschlecht. Ihre Mutter schildert die Erzählerin als fett und unansehnlich, lieblos und auf der Suche nach Männern, vielleicht gerade deshalb, weil der Vater nur selten anwesend war.

Was mich an dieser Geschichte am meisten irritiert hat, ist die Fixierung auf »den Mann« und seine Sexualität, die in das kleine Mädchen projiziert werden. Tatsächliche Begegnungen hatte es nur zu seinem Bruder, von dem es geschändet wird. Alles andere sind Träume, von denen die Zwölfjährige weiß, dass sie niemals in Erfüllung gehen werden. Nichts besitzt Sinn und Hoffnung. Als sie in den Tod springt, klingt leises Bedauern mit. Und dann folgt: »Sie fällt auf den Kopf und bricht sich den Hals. Der erste, der sie findet, ist der Hund. Er steckt den Kopf zwischen ihre Beine und beginnt sie zu lecken.«

Wenn man will, kann man in diese Geschichte alles Mögliche hineininterpretieren. Beispielsweise auch den Gemütszustand der Autorin als sie sie schrieb. Aber offenbar ist das ein Tabu. In meiner Wahrnehmung handelt es sich hier keineswegs um die Beschreibung von Zuständen und Empfindungen eines normal pubertierenden Mädchens, sondern eher um den Ausfluss eines schon kranken Geistes, der seine mögliche Vergangenheit in seinem Sinne uminterpretiert.

Ich weiß, dass Sie nicht hergekommen sind, um etwas über, für oder gegen Hermann Broch, Frank Witzel oder Unica Zürn zu hören. Und ich weiß, dass Sie nicht hergekommen sind, um etwas von Peter Hartmann, Stefan Ulrich, Dr. med. Rainer Michels MA oder Dr. M zu hören.

Sie wollen etwas von mir und über mich hören.

Über mich gibt's da, wo ich das geholt habe, was sie gerade kennenlernen konnten, auch einiges. So schreibt ein Dr. Roland Stephan unter der Überschrift »Ungenießbarer Quark« über meinen Roman »Neptunation« aus dem Jahr 2019:

> Leider ist der Text absolut ungenießbar. Über die Hälfte besteht aus philosophischen Traktaten zur Politik, Physik, Mathematik, Musik etc., die eigentlich nur eine Botschaft transportieren: seht her, was ich alles schon gelesen habe! Zur Handlung tragen sie nicht bei. Insbesondere die Politik hat es Dath angetan: nur der Kommunismus rettet das All. Zudem sind viele Details vollkommen unglaubwürdig: 400 Raketenstarts in der Sowjetunion Ende der 80iger Jahre bleiben unbemerkt genauso wie das daraus gebaute riesige Raumschiff. Intelligenter Quantenschaum und lebendige Sonnenstürme helfen der Menschheit. Neptun wird als Wasserwelt besiedelt.

Über dasselbe Buch sagt jemand mit dem Namenskürzel »kesevan« unter dem Titel »Was für ein lächerlicher sinnloser Käse!!! Und: Glaube keinem Berufskritiker aus TV und Presse«:

> Meine Vermutung war schon richtig: Wer sich auf vierhundert Seiten nicht auszudrücken vermag, auf siebenhundert Seiten wird's dann nicht besser. Dieses Prinzip hat sich auch hier wieder bestätigt. Ich habe es so etwa 67 Seiten ausgehalten, danach begann ich dreißig seitenweis diagonal zu lesen, in der Hoffnung, endlich mal was Substanzielles zu finden. Die letzten vierhundert Seiten habe ich die Sprünge dann auf fünfzig Seiten erweitert.
> Pseudo wissenschaftliches Geschwafel, ein geradezu unsinniger und dummer Gebrauch von Fremdwörtern, im

Durchschnitt so ca. drei bis vier pro Satz, es können aber auch deutlich mehr sein. Die wohl literarische Bildung anzeigen sollen. Dazu unverständliche, hanebüchen gedrechselte Satz-Riesen-Monster, die wohl nach Leseversuchen des Autors am Ulysses von James Joyce entstanden sein müssen.

Zum grotesken Inhalt des Machwerks will ich mich hier nicht äußern. Das lohnt nicht die Mühe. Wie schon oben geschrieben, pseudo- wissenschaftliches Geschwafel eben. Aber wirkliches Geschwafel!

Was mich trotzdem an der ganzen Geschichte jetzt doch auch wieder ärgert, ist, dass ich mich wieder mal von den Berufskritikern habe auf's Eis führen lassen und dies trotz mittlerweile in vielen Jahrzehnten geschulten Erfahrungen. Da war z. B. der bislang von mir durchaus geschätzte Literaturkritiker, der sonntags in ARD nach TTT immer die Tonne mit der Spiegel – Bestsellerliste füllt, der dieses Buch geradezu euphorisch lobte!?

Oder auch die im Klappentext lobend schwärmenden Rezensenten von Die Welt und Die Zeit. Ich bin hier jetzt fast sicher, dass diese Leute das Buch nie zu Lesen versucht haben.

Dass der Verfasser oder die Verfasserin des zuletzt zitierten Textes am Ende die *berufsmäßige* Kritik als Instanz *insgesamt* beschimpft, ist gerade dann, wenn seine oder ihre Urteile stimmen sollten, sehr ungerecht.

Denn diese Instanz argumentiert, wie Sie aus dem ersten Teil meiner Schreiblehre wissen, oft recht ähnlich wie »kesevan« oder die anderen, deren auf der Website des Online-Warenversandhändlers Amazon publizierte Äußerungen zu Büchern von Hermann Broch, Frank Witzel, Unica Zürn und mir Sie jetzt kennen.

Wenn Peter Hartmann bei Broch nachzählt, um herauszufinden, dass da ein Satz 20 Zeilen lang ist und 15 Kommas
enthält, und wenn Peter Hartmann den Satz außerdem nicht
leiden kann, was ich völlig verständlich finde, weil ich, wenn
ich Zeilen und Kommas zählen würde, ja auch vom Sinn
des Satzes abgelenkt wäre, den ich da vermesse, statt ihn
zu begreifen; wenn ferner Stefan Ulrich sagt, er habe nach
den ersten 120 Seiten Witzels Buch aufgegeben; und wenn
außerdem Dr. med. Rainer Michels MA sagt, er habe sich
durch die ersten 400 Seiten desselben Buches gequält; und
wenn schließlich »kesevan« sagt, er habe »Neptunation« »so
etwa 67 Seiten ausgehalten«, dann sind diese Menschen nicht
nur auf verblüffende Weise mit dem Zählen beschäftigt, wo
es eigentlich ums Lesen geht, sondern sie erinnern mich vor
allem an Burkhard Müller, der in der Süddeutschen Zeitung,
wie Sie wissen, von den letzten 470 Seiten meines Romans
»Die Abschaffung der Arten« bekanntgab, sie seien genauso
schlimm wie die ersten 80.

Wenn bei Amazon steht, jemand wolle sich Broch »nicht
antun«, ein anderer habe sich bei Witzel gequält und wieder
ein anderer sei von Zürn irritiert, dann harmoniert das im
Tonfall und in der Denkweise mit »Pein und Qual« bei Müller oder »Qual und Ärgernis« bei seinem Kollegen Thomas
Anz. Die Messangaben, die Gesten des Abscheus passen zueinander, ob Dr. Roland Stephan nun glaubt, das ihm Fremde
in »Neptunation« stehe da, weil ich sagen wolle: »seht her,
was ich alles schon gelesen habe!«, ob »kesevan« vermutet,
meine vielen Fremdwörter sollten »wohl literarische Bildung
anzeigen« oder ob Ijoma Mangold 2007 in meinem Roman
»Waffenwetter« »Bildungsgeprotze« und »Theorie-Angebertum« entdeckt.

Wo verschiedene Leute etwas Ähnliches sagen, gibt es zwei Möglichkeiten: Erstens könnte das, was sie sagen, schlicht stimmen. Zweitens aber könnte, falls es *nicht* stimmt, mit den verschiedenen Leuten, die es sagen, etwas los sein, das sie eint.

Fangen wir mit der Möglichkeit an, dass das, was sie mir unterstellen, stimmt.

Will ich angeben?

Wollte ich das, könnte ich sagen, ich hätte schon »unendlich viele Romane« gelesen, wie das Peter Hartmann in seinem Angriff auf Broch sagt – eine rhetorische Übertreibung, da es, wie auch Hartmann weiß, nur endlich viele Romane gibt. Wollte ich angeben, könnte ich auch sagen, ich hätte so und so viele Seiten von irgendetwas gelesen, wie man im Sport sagt, man sei so und so viele Kilometer weit gelaufen oder so und so weit, so und so hoch gesprungen: 470 Seiten oder 80 Seiten oder »so etwa 67 Seiten«.

Wie äußert sich nun die vermutete Angeberei in meinen literarischen Texten? Nicht in solchen Daten, klar.

Wenn ich nach etwas suchen soll, das jene Leute meinen könnten, wenn sie von Angeberei reden, finde ich: In meinen Texten kommen andere Texte vor, die nicht allzu bekannt sind. Ich zitiere und diskutiere sie. Meine Figuren diskutieren und zitieren sie. Außerdem kommt allerlei Wissen vor, das teils auch in schwer zugänglichen Texten steht, ohne dass die Texte immer genannt würden. Das war's.

Es sind gewiss viele und oft esoterische Texte, aus denen bei mir geschöpft wird, aber nicht mehr als etwa Reise- und Erdkundeliteratur bei Karl May. Der hat sich ganze Länder und Kontinente erlesen, bis er fand, er könne so davon erzählen, als wäre er dort gewesen.

Eine Weile lang behauptete er, er wäre tatsächlich dort gewesen.

Das kann man Angeberei nennen oder Entgegenkommen aus Höflichkeit gegenüber Menschen, die nur von denjenigen etwas über ferne Gegenden hören oder lesen wollen, die auch wirklich dort waren. Das sind offenbar Menschen, die nie etwas über die sehr große Gegend namens »Kosmos« jenseits des Mondes hören oder lesen wollen, denn da war bislang kein Exemplar unserer Spezies.

Wenn in einem literarischen Text von mir nun etwa eine wenig bekannte Philosophin zitiert oder diskutiert wird, behaupte ich, anders als Karl May im Hinblick auf seine persönlichen Erfahrungen mit Amerika und Nordafrika, keineswegs, ich wäre selbst Philosoph.

Ich zitiere und erwähne im Zusammenhang einer *Handlung* etwas: Figuren kennen es und probieren aus, ob es in ihre Geschichte passt oder nicht.

Worin besteht hierbei die Angeberei? Darin, dass ich gern und viel lese und das Gelesene beim Erzählen und Argumentieren verwende? Weil es denen fremd ist, die es bei mir das erste Mal zu sehen kriegen?

Hat H.P. Lovecraft damit *angegeben*, dass er das »Necronomicon« gelesen hat, indem er es zitierte? Das wäre seltsam, denn das »Necronomicon«, ein Buch, das bei Lovecraft durchaus wichtig ist, gibt es nicht.

Soll sagen: Ist denen, die mich im Verdacht haben, ich wollte in meiner Literatur mit der Nennung von Texten und der Erwähnung von Wissen, das aus Texten stammt, angeben, bekannt, was eine Fiktion ist?

Verstehen diese Leute, dass das, was in »Neptunation« steht, niemals passiert ist und niemals passieren wird?

Wenn sie das wissen, dann wissen sie auch, dass ich mir, um damit anzugeben, was ich alles gelesen habe, für solchen Gebrauch in einem fiktiven Text einfach auch Bücher *ausdenken* könnte, die niemand je gelesen hat, weil es sie nicht *gibt*, wie Lovecraft das mit dem »Necronomicon« getan hat.

Was für eine Angeberei ist eine, die in einem Rahmen stattfindet, in dem es erlaubt ist, Sachen zu behaupten, die gar nicht stimmen?

Wer wäre so bescheuert, zu sagen: Ich kann sehr hoch und sehr weit springen, aber das wird nie jemand sehen, es ist nämlich unbeweisbar und auch nicht beweisbedürftig?

Ich schreibe, wenn ich literarisch schreibe, fast immer fiktiv.

Selbst, wenn ich reale Personen, Ereignisse, Sachen oder Sachverhalte literarisch gestalte, geht es mir, Sie erinnern sich, um Haltungen. Mit Haltungen aber anzugeben wäre so sinnlos wie Prahlerei damit, dass man sich irgendwie fühlt oder irgendetwas mag.

Wer brüllt: »Ja, du armer Wicht, du magst Schokolade mit Krokant nicht, aber ich mag sie, nimm dies!«?

Ich veröffentliche seit gut einem Vierteljahrhundert literarische Texte und kriege genauso lange immer wieder mal eine Rüge verpasst für das, was darin so alles vorkommt. Das passiert insbesondere dann, wenn die Missmutigen etwas nicht interessiert, von dem ich rede, schreibe, erzähle. Es ermüdet, dauernd von Leuten angegriffen zu werden, die nicht zu wissen scheinen, dass ich weiß, dass ein literarischer Text kein Aufsatz ist, der gute Noten für eine Wissensdemonstration einheimsen will.

Leute, die sich zur Literatur äußern, hatten mal bessere Manieren. Sehr viel wichtigere Autorschaften als meine zwangen sie dazu. Kein Mensch hat beispielsweise Balzac mit dem Anwurf belästigt, er sei ein Poseur, der ungerechtfertigterweise behaupte, sich an der Pariser Börse und im Nachtleben auszukennen.

Kein Aas ist Tolstoi mit dem Vorwurf auf die Nerven gegangen, er mache sich in »Krieg und Frieden« mit historischen Kenntnissen wichtig.

Allen schien klar zu sein: Es geht bei Balzac um Haltungen zu Reichtum, Liebe oder Karriere, bei Tolstoi um Haltungen zu Schicksal, Gewalt, Politik oder Geschichte, bei beiden kaum um Namen und Daten, die nur im jeweiligen Roman stehen, damit die Haltungen nicht in der Luft hängen, keine bleichen Allgemeinplätze sind, sondern mit Erlebnisqualitäten elektrisiert und magnetisiert. Was hat er gesagt, elektrisiert und magnetisiert? Entschuldigung, zwei Metaphern aus der Physik; ich Angeber.

Der Teil des Lesepublikums, der bei Amazon Sachen schreibt wie die zitierten, hat vom epistemischen Status des Wissens in der schönen Literatur offenbar noch nie gehört oder gelesen. Das mag auch daran liegen, dass darüber in kaum einem aktuellen Feuilleton, kaum einem neuen universitären Text etwas steht.

Warum eigentlich?

Ein Teil des Problems hat mit Spezialisierung zu tun.

Die ist in einer hocharbeitsteiligen Gesellschaft unvermeidlich. Weil Literatur Haltungen zu allen möglichen Informationen darstellt, kommen früher oder später auch Haltungen zu Fakten, Daten und Wissenszusammenhängen in ihr vor, deren Kenntnis man von Personen, die damit befasst sind, öffentlich Romane, Erzählungen, Dramen und Gedichte zu deuten und zu beurteilen, nicht verlangen kann.

Sie müssen schließlich etwas von Literatur verstehen und haben kaum Kapazitäten frei dafür, sich zu erkundigen, was nilpotente Zahlen oder abelsche Kategorien sind, wer Gerhard Gentzen war und dergleichen.

Was man nicht kennt, dessen Zweck erkennt man auch nicht leicht, wenn man ihm begegnet. Dann muss man raten.

Einige raten daher: Könnte der Zweck von Verweisen auf das, was sie nicht kennen, Angeberei sein?

Den australischen Schriftsteller Greg Egan, dessen Roman »Diaspora« ich im Rahmen dieser Schreiblehre schon diskutiert habe, halte ich für den besten lebenden Science-Fiction-Autor. Bei passender Gelegenheit hat er, weil auch der beste lebende Science-Fiction-Autor sich viel Unfug über seine Arbeit gefallen lassen muss, ein paar Worte zu der bedauerlichen Tatsache verloren, dass sogar Menschen, die Science Fiction rezensieren oder an der Akademie mit dieser Literaturgattung beschäftigt sind, häufig zu wissen glauben, welche und wie viele Bezugnahmen auf Naturwissenschaften, Mathematik, Logik und dergleichen für Literatur statthaft sind.

Aus dem angemaßten Wissen um Zulässigkeitsgrenzen heraus, das sie selten begründen, weigern sich diese Personen, einzusehen, dass das Maß derartiger Bezugnahmen, das ein gegebenes Publikum verträgt, an der Literaturfakultät zum Beispiel eher geringer ist als am Samstagabend in einer Straßenkneipe einer durchschnittlichen westlichen Kleinstadt.

Weil verschiedene Menschen Verschiedenes in verschiedenem Umfang wissen (wollen), kann man, sofern Literatur nicht Fachliteratur oder Kinderliteratur sein soll, von einer abstrakt-allgemeinen Idee namens »Publikum« nicht abhängig machen, wieviel naturwissenschaftliches, mathematisches, logisches oder technisches Material im literarischen Text vorkommen darf.

Wovon soll man's aber dann abhängig machen?

Sie kennen meine Antwort: von der Filterleistung der wechselseitigen Vermittlung zwischen Thema, Stoff und Form, unter Regeln. Wenn man als Thema oder Stoff Dinge oder Sachverhalte gestaltet wie die von Lem oder Egan in »Solaris« oder »Diaspora« behandelten, im Geltungsbereich von Haltungen zu Wissen, Können und Dürfen, unter Bedingungen einer naturwissenschaftlich und technisch weit fortgeschrittenen Zivilisation, dann wird man, um diese Haltungen darzustellen, auch Wissen in den Text einbauen müssen, viel oder wenig, wirkliches oder erfundenes.

Es ist gar nicht zwingend, dass Science Fiction ihre Wissenschaft oder Technik *erfindet,* wenngleich das oft vorkommt. Die beiden Adjektive »literarisch« und »fiktiv« bedeuten nicht dasselbe; es gibt bloß ein paar Überschneidungszonen ihrer Anwendbarkeit. Ich selbst halte es, was die Zulässigkeit von Wissen, das Literaturfachleuten nicht vertraut ist, in meiner Literatur angeht, mit Egan, der in einem Interview gesagt hat:

A body of art that contained nothing about the laws of electromagnetism, gravity, and quantum mechanics, nothing about the physical grounding of consciousness, and nothing about the process by which we've learned the rules that govern everything around us, would be like a body of art depicting present day earth that contained no mention of any human law or custom, no tension between the individual and society, and no representation of a city, a village, a forest or a river. Art that's blind to the true landscape we inhabit – physical reality in the widest sense – is just absurdly, pathetically blinkered and myopic.[12]

Mir ist diese Feststellung so wichtig, dass ich sie übersetzt habe und derzeit so oft zitiere, wie man mir's durchgehen lässt:

Ein Kunstschaffen, in dem man nichts über die Gesetze des Elektromagnetismus, der Schwerkraft und der Quantenmechanik findet, nichts über die physischen Grundlagen des Bewusstseins und nichts über den Prozess, mittels dessen wir die Regeln gelernt haben, die alles um uns her regieren, wäre wie ein Kunstschaffen, das die gegenwärtige Erde darstellte, aber keine Erwähnung irgendeines menschlichen Gesetzes oder einer menschlichen Sitte enthielte, keine Spannung zwischen dem Individuum und der Gesellschaft, und keine Darstellung einer Stadt, eines Dorfes, eines Waldes oder eines Flusses. Kunst, die blind ist für die wahre Landschaft, die wir bewohnen – die physische Wirklichkeit im weitesten Sinne – ist nichts als auf absurde, erbärmliche Weise scheuklappenbelastet und kurzsichtig.

Ich weiß nicht, ob Egan glaubt, es wäre ein (oder gar: *der*) Job der Kunst, uns das Wissen nahezubringen, von dem er redet.

Aber Recht hat er, weil er implizit sagt: Es *ist* ein Job der Kunst, *Haltungen* zu diesem Wissen zu erzählen, genau wie zu allem anderem, das man wissen kann.

Meine Bestimmung von Literatur als Darstellung von Haltungen zu Informationen im Kraftfeld von Thema, Stoff und Form ist doppelgesichtig: Sie bezeichnet eine persönliche Darstellungsabsicht, aber auch eine Abgrenzung der Literatur von anderen Textarten wie Sachtext, Liebesbrief und so weiter.

Wenn, zum Beispiel, meine Haltung wäre: »Die Wahrheit soll nur denen gesagt werden, die sich die Mühe machen, sie zu suchen und sie zu entziffern«, dann dürften, ja müssten zu den Informationen, die mein Text mitgestaltet, sogar Falschinformationen gehören, bis hin zu faustdicken Lügen, falls diese geeignet sind, Trägheit zu bestrafen und Aufmerksamkeit zu belohnen.

Habe ich schon erwähnt, dass ich eine Poetikvorlesung unter bestimmten gesellschaftlichen Bedingungen für einen literarischen Text halte?

Ein literarischer Text ist einer, wiederhole ich, an dem man eine Haltung ablesen kann, wenn man ihn auf Effekte des Kraftfelds der genannten drei Größen untersucht, und zwar selbst dann, wenn die Autorin, der Autor, das Kollektiv, das nichtmenschliche Lebewesen, der Zufall oder die Maschine, die als Trägerinnen und Träger der Urheberschaft am Text in Frage kommen, gar nicht die Absicht hatten, eine Haltung zu einer Information im Kraftfeld von Thema, Stoff und Form mitzuteilen.

Meine Literaturbestimmung ist bewusst spekulativ; sie holt etwas aus dem Text, das darin ist, oder legt etwas hinein, wenn es zuvor sonst niemand hineingelegt hat.

Sie ist damit in gewissem Sinn metaphysisch.

Ich gebe Ihnen gern zu, dass sie nicht die einzig mögliche Bestimmung von Literatur ist. Aber wer sie nicht kennt oder sie sich nicht vorstellen mag, kann mir zwar erzählen, ein Text von mir gefalle ihr oder ihm nicht, mir aber nicht mehr mit gutem Grund vorhalten, ich hätte beim Schreiben einen Fehler gemacht oder sei gescheitert.

Fehler nämlich macht man relativ zu etwas, das man hat machen wollen und hätte richtig machen können, nicht relativ zur Zuneigung oder Abneigung anderer, jedenfalls dann, wenn der Zweck nicht gerade der war, Zuneigung oder Abneigung zu erreichen. Auch scheitern kann man nur an Aufgaben, die man hat bewältigen wollen und auch hätte bewältigen können. Wer nicht weiß, was ich wollte, kann mir schlicht nicht sagen, ob ich es geschafft habe.

Ich mache Fehler und ich scheitere auch.

Dass gerade die Fehler, die mich am meisten beschämen, in den öffentlichen Angriffen auf meine Texte selten vorkommen, dass mein tatsächliches, für mich sehr unangeneh-mes Scheitern mir so gut wie nie öffentlich angekreidet wird, muss ich als Hinweis darauf verstehen, dass kein Interesse an meinen Darstellungsabsichten besteht oder keine Kenntnisse davon vorhanden sind.

Ich will Ihnen, wie versprochen, von einigen meiner Feh-ler und Misserfolge erzählen, da ich sie für geeignet halte, ein Licht auf Fehler und Misserfolge des literarischen Schreibens überhaupt zu werfen.

Fangen wir mit der einfachsten Fehlersorte an, sachlich unrichtigen Angaben. In meinem Roman »Cordula killt Dich!« aus dem Jahr 1995 steht ein falscher Nachname, nämlich »Reents«, für eine Person aus der Wirklichkeit, die gemeint war und »Reetz« heißt. Erst lange nach Erscheinen des Buches lernte ich jemanden namens »Reents« kennen, lustigerweise werde ich seither manchmal darauf angespro-chen, dass es erstaunlich sei, dass dieser Herr Reents und ich schon so lange miteinander bekannt seien.

In der Erstausgabe meines Briefromans »Die salzweißen Augen« aus dem Jahr 2005 steht einmal statt »Dale Peck«, was der Name eines amerikanischen Romanciers und Lite-raturkritikers ist, den zu lesen ich an dieser Stelle empfehlen wollte, der Name »Dalc Pack«.

In der Erstausgabe meines aus Gründen, die Sie gleich erfahren werden, mit grässlich vielen Fehlern dieser Art ver-schmutzten Bandes voller Essays und Erzählungen namens »Höhenrausch« aus dem Jahr 2003 steht eine Form des Verbs »kommunizieren«, wo etwas aus der Mathematik gemeint ist, das »kommutieren« heißt (es geht um die Austauschbarkeit von Größenstellen in einer Verknüpfung).

Und in meinem Roman »Der Schnitt durch die Sonne« aus dem Jahr 2017 steht, die koronalen Löcher auf der Sonne habe »ein Deutscher« namens Waldmeier gefunden; dabei war der gemeinte Mann, ein recht wichtiger Sonnenforscher, der mit Vornamen Max hieß, kein Deutscher, sondern Schweizer.

Wer Haltungen zur Welt, also zu Sachaussagen über sie gestalten will, macht früher oder später solche Fehler, weil man bei Sachaussagen eben Fehler macht, wie jeder Erratazettel zu jedem wissenschaftlichen Fachbuch belegt.

Wann immer meine Erstleserinnen und Erstleser, denen ich jedes Buch, oft in sehr frühen Formen, vor Abgabe beim Lektorat zum Lesen vorlege, oder meine Lektorinnen und Lektoren solche Fehler finden, bevor sie nicht mehr oder nur noch in Nachauflagen und elektronischen Ausgaben korrigierbar sind, bin ich froh.

Aber der Job, sie zu finden und zu markieren, ist kein trivialer.

Denn zu der Frage: »Stimmt das sachlich?«, die man in meine Literaturbegrifflichkeit übersetzen kann als: »Stimmt das stofflich und thematisch?«, treten beim literarischen Text die Fragen: »Stimmt das formalästhetisch?« und: »Stimmt das im Sinne der zu gestaltenden Haltung?«

Etwas, das sachlich falsch ist, kann literarisch richtig sein.

Ich möchte Ihnen das am letzten Fehler in der eben vorgetragenen Fehleraufzählung zeigen, an der verkehrten Nationalitätskennzeichnung des Sonnenforschers Max Waldmeier.

Sehen wir uns die Stelle im Roman an:

Weitere Armbewegungen begleiten Karlas nächste Erläuterung: »Da oben und hier unten, in den Polregionen Nord und Süd, wo es etwas dunkler aussieht, das sind die sogenannten ›koronalen Löcher‹, die hat ein Deutscher gefunden, Waldmeister …«

»Waldmeier.« berichtigt Vera.[13]

Thema des Romans ist der Befund, dass die Verfahren, mit denen wir Menschen herauskriegen, was auf der Welt los ist, inzwischen so vielfältig, so komplex und in so großem Ausmaß voneinander abhängig sind, dass keine einzelne Person mehr hoffen darf, den kompletten Überblick über alle diese Verfahren erlangen zu können.

Die Haltung, die der Roman angesichts dieser Feststellung gestalten und empfehlen will, ist die bedingte Bereitschaft zur Kooperation. Erzählt wird sie im Kleinen wie im Großen: Im Kleinen, indem die Figuren immer wieder Fehler machen, die andere Figuren korrigieren, im Großen dadurch, dass eine einzelne Figur, die Mathematikerin Vera Ulitz, sich irrt, wo sie glaubt, alle Probleme aller Figuren im Buch ließen sich durch sie persönlich im Alleingang lösen.

Vera denkt, es sei ihre Aufgabe, ein kategorientheoretisches Modell zu konstruieren, dem sich alle Probleme der Romanhandlung subsumieren lassen. Wenn das Modell gefunden ist, sind die Aufgaben aller Mitstreiterinnen und Mitstreiter der Heldin, als die Vera sich sieht, mitgelöst. Aber Veras Modell führt nirgends hin. Mehr: Der Auftrag, es zu erstellen, war eine Ablenkung von Wichtigerem.

Damit das eine Handlung ist und nicht bloße Behauptung, begleitet der Roman Vera nah und lässt sie immer wieder erläutern, was sie gerade mathematisch anstellt. Die Waldmeier-Stelle nun ist eine Mini-Widerspiegelung von Veras Gesamtirrtum: Sie berichtigt den Namen, den Karla falsch sagt, und denkt dabei, sie hätte alles in Ordnung gebracht. Sie irrt sich, weil sie die falsche Nationalitätenkennzeichnung, die Karla unterläuft, nicht mitberichtigt, da sie so wenig allwissend ist wie die Frau, deren Irrtum sie korrigiert.

Wenn man nicht versteht oder nicht interessant findet, dass die Geschichte, die da erzählt wird, zeigen soll, dass und wie man mit anderen zusammenarbeiten und sich von ihnen berichtigen lassen muss, und wenn man nicht ahnt, nicht weiß oder nicht begreift, dass gerade die Kategorientheorie, mit der Vera ein Wissensgebiet gefunden zu haben glaubt, das über anderen Wissensgebieten steht, keine hierarchische, sondern eine von gegenseitigen Wechselabbildungen bestimmte Ordnung des Wissens behauptet, dann hält man alles, was Vera Ulitz im Buch tut, zwingend just für das, wofür sie selbst es hält, nämlich für die Arbeit an einer Aufgabe, an der nichts anderes interessant ist als ihre Lösung.

Man verwechselt so ein Buch, auf dem steht, dass es ein Roman ist, mit einem Mathebuch, weil darin von Mathe die Rede ist.

Hat jemals jemand »Ein Mann will nach oben« von Hans Fallada als Karriereratgeber gelesen, »Winnetou« von Karl May als Reiseführer für Nordamerika oder »Dubliners« von James Joyce als Stadtreportagesammlung?

Über »Der Schnitt durch die Sonne« schreibt ein Rezensent namens »Bergi« auf amazon.de unter der Überschrift »Viel Lärm um wenig«:

Der Ansatz ist faszinierend und kreativ. Ich habe ja vor einer Weile Mathe studiert, aber wer sonst die Einführungen zu den Injektionen und umkehrbaren Funktionen und idempotenten Abbildungen verstanden hat: Hut ab. Andererseits völlig egal. Aufgelöst wird die Problematik der Abbildung von Geschmack auf Musik und Physik am Ende sowieso nicht. Und damit entpuppt sich das mathematische Geplänkel als irrelevant. Schade! Wie so oft: großes Fass aufgemacht, Erwartungen geweckt und dann: nix mehr.

Ich könnte mein ganzes restliches Leben damit zubringen, solche Missverständnisse zu kommentieren: Nein, in »Neptunation« zum Beispiel wird eben *nicht* behauptet, der Neptun sei eine Wasserwelt, nur eine Figur glaubt das und merkt nicht, dass Ereignisse, die ihr so vorkommen, als erlebe sie etwas auf dem Neptun, wie man es auf einer Wasserwelt erleben könnte, damit zu tun haben, dass eine erfundene Physik und eine erfundene Technik die körperliche Wechselwirkung der Figur und der Gegebenheiten auf dem Neptun so verändern, dass sie der Wechselwirkung ähneln, die ein Körper aus uns bekannter Materie auf einer Wasserwelt erleben könnte.

Das steht alles da, so wie in »Der Schnitt durch die Sonne« steht, dass es nicht um Veras Wissen, sondern um ihre sozialen Fehler bei der Anwendung dieses Wissens geht.

Ich will die anderen Fehler auf meiner Liste jetzt nicht alle so breit auseinanderfummeln, wie ich das mit dem Waldmeier-Fehler getan habe, sondern nur wiederholen, dass ich für das, was ich schreibe, sehr aufmerksame Freundinnen und Freunde, Lektorinnen und Lektoren brauche, weil zwar nicht alles, aber doch manches, das bei mir wie ein Fehler aussieht, keiner ist, sondern Kunstgriff.

Der falsche Name des Literaturkritikers und Schriftstellers in »Die salzweißen Augen« war ein Tippfehler und damit meine Schuld, der Unfug mit dem »kommunizieren« in »Höhenrausch« dagegen ist vom Lektorat oder vom Korrektorat reingebastelt worden, weil irgendwer nicht wusste, was »kommutieren« heißt.

Das alles ist rührend einfach.

Die schwierigeren Fragen erst sind die schlimmen.

Wenn etwa am Ende von »Neptunation« einmal nicht klar scheint, ob eine Figur gerade wirklich gestorben ist und nur fehlerhafterweise plötzlich wieder im Text herumläuft, oder ob damit vielleicht die Darstellungsabsicht verfolgt wird, eine generelle Situationskonfusion narrativ abzubilden, in der Leute irrtümlich für tot oder für lebendig gehalten werden, weil sie nach Lage der Dinge beides sein könnten, sogar in ganz verrückter Reihenfolge, wie kriegt man dann raus, ob Dath Mist gebaut hat oder man selbst etwas falsch versteht?

Das meine ich, wenn ich sage: Literatur erzeugt und braucht Deutungsspielräume.

Der Einsatz ist hoch, alles kann Quatsch sein oder bedeutsam: ein Spiel für Erwachsene, nicht für Unmündige.

Meine Fehler quälen mich. In einem Interview, das Thomas Lang für die Zeitschrift »Volltext« mit mir geführt hat, steht als Antwort, die ich auf eine Frage nach der Zukunft der Literatur gebe, der Satz:

Der Glaube, Kunst sei ein mechanischer AbDRUCK statt ein durch allerlei formale Filter und Prismen erzeugtes AbBILD der Welt, wird man in Zukunft als erstaunliche Meise anstaunen und nostalgisch mögen (Tolstoi beispielsweise war ja wirklich lieb).

Am Frankfurter Bahnhofskiosk ist mir das Blut in den Schädel geschossen, weil niemand meine Dummheit berichtigt hat; es muss ja heißen:

Den Glauben, Kunst sei ein mechanischer AbDRUCK statt ein durch allerlei formale Filter und Prismen erzeugtes AbBILD der Welt, wird man in Zukunft als erstaunliche Meise anstaunen und nostalgisch mögen (Tolstoi beispielsweise war ja wirklich lieb).

Sach-, Namens- und Einzelwortfehler, Grammatikfehler: rührend einfach, wie gesagt. Schwieriger, aber noch nicht das Schwierigste, sind Fragen der kompositorischen Anordnung von größeren Textmengen, zum Beispiel bei der Sonatenform, die in »Die Abschaffung der Arten« aufgrund einiger Unebenheiten im dritten Satz nur so gerade noch erfüllt wird. Motivik, Reihung, Differenz und Wiederholung haben mir in diesem Buch beträchtliche Schwierigkeiten gemacht. Nicht gesehen hat die aber Thomas Anz, als er, Sie erinnern sich, bei »Die Abschaffung der Arten« in der Frankfurter Allgemeinen Zeitung monierte, »nicht zuletzt wegen der vielen Wiederholungen gleicher Ideen« werde »über weite Strecken die Lektüre sogar zur Qual, wenn nicht zum Ärgernis«.

Wiederholung, unter uns, kann literarisch sinnvoll sein, wieder so etwas, was man wissen könnte, was aber viele Literaturdebattenbeschäftigte nicht interessiert.

Vor vielen Jahren brachte einmal ein gewisser Dieter Kuhn gegen Arno Schmidt vor, der habe in seinem Kurzroman »Aus dem Leben eines Fauns« (1953) eine grausige Explosionsszene mit demselben Vokabular geschildert wie an anderer Stelle seines Werks einen Jahrmarkt. Kuhn schimpfte:

Wenn aber ein Autor Versatzstücke im (Zettel-)Kasten hat, die er wahllos einzusetzen beliebt, mal um menschliches Leiden, mal um menschliche Freude damit zu beschreiben, weist dies abermals auf ein inhumanes Grundverständnis hin.[14]

Arno Schmidt: schlechter Mensch, gutes Beispiel?
Kuhn wähnte, Schmidt entlarvt zu haben. Hans Wollschläger, Schmidt-Kenner und selbst Autor von Rang, konnte diese Entlarvung nur unfreundlich glossieren:

Hier hat Kuhn nun, einmal im Leben, ein ästhetisches Großphänomen in den Blick bekommen, und er ist prompt erblindet -: soll man das nun tragisch nennen? Tatsächlich enthält ja gerade die Verschränkung von

Jahrmarkt und Inferno einen schauerlichen Tiefsinn, wie ihn das Kuhnsche Denken auch bei längsten Lern- und Lebens-Chance nie fassen würde, eine höchste Möglichkeit von Gestaltung eines kaum sonst noch Gestaltbaren, gegenüber dessen Realität die gewohnten Mittel des realen Erzählens unweigerlich in Kitsch umschlagen müssten oder in leeres Pathos.[15]

Was Wollschläger plausibel nahelegt, ist, dass Kuhn gut daran getan hätte, Schmidt nicht einfach eine hässliche Haltung zu unterstellen, nämlich Gleichgültigkeit gegenüber Freuden und Leiden der Menschen, sondern sich zu fragen, ob die Wiederholung nicht noch eine andere Haltung ausdrücken könnte und diese im Kontext von Schmidts Schaffen nicht plausibler sei, etwa: Was für eine arme Spezies, deren Freuden und Leiden einander so sehr gleichen, dass sie kaum Hoffnung haben kann, über die Fallen zwischen Jahrmarkt und Krieg, in die sie sich immer wieder selbst hineinarbeitet, je hinauszugelangen!

Vorausgesetzt wird von Wollschläger bei seiner Intervention, dass Wiederholungen Kunstmittel sein können, wenn auch nicht müssen. Viel primitiver realisiert als bei Schmidt könnte man ebendas auch an der »Abschaffung der Arten« zeigen: Die von Thomas Anz monierten Wiederholungen dort finden in je unterschiedlichen Situationen und mit je verschiedenen Handelnden statt, und gesagt ist damit etwas Einfaches, nämlich: »Wenn zwei das Gleiche tun, ist es noch lange nicht dasselbe«.

Mein peinlichstes Versagen heißt »Höhenrausch«.

Das ist ein Buch aus dem Jahr 2003, in dem durchaus Stellen stehen, die mir besser gefallen als sehr vieles, was ich davor und seither geschrieben habe. Die Form, in der das Buch zwanzig Mathematikerinnen und Mathematiker des zwanzigsten Jahrhunderts darstellt, wechselt zwischen Sachtexten, Essays, Porträts und Erzählungen. Das aber tut sie leider nicht so, wie ich Formwechsel mag, nämlich inhaltlich und stofflich vermittelt wie begründet, sondern nahezu beliebig.

Das eine Leben oder Werk ist erzählt, das andere nicht, warum, erschließt sich nirgends. Wie könnte es das auch? Der ganze Formverhau war ein fauler Kompromiss mit dem Auftraggeber des Bandes, der eigentlich überhaupt nur Sachtexte wollte. Schreiben und Lektorat wurden so zum Doppelgemetzel; denn während ich Sachfehler beheben wollte und dabei neue beging (gerade in den mir liebsten Abschnitten, dem ganzen Grothendieck-Kapitel zumal, dessen »Info-Einschübe« zum Schiefsten gehören, was ich je verbrochen habe), und während ich zugleich dem Lektorat zu erklären suchte, dass einiges, was man dort für falsch hielt, aus literarischen Gründen richtig war, verlor ich den Überblick, geriet in Panik, gab mir dann sinnlose Mühe, durch Tricks in den Erzähltexten aufzufangen, was mir an den Sachtexten zu platt war, und verdarb auf diesem Weg schließlich beide Textsorten. Immer wieder wollen irgendwelche Verlage dieses Ding neu auflegen.

Vielen Dank dafür, aber ich müsste so gründlich eingreifen, geraderücken, löschen, überschreiben, ergänzen, dass ich in der Zeit und mit der Kraft, die das kosten würde, lieber drei neue Bücher schreibe, die mich nicht foltern.

Ausgewetzt habe ich die Scharte wenigstens – allerdings erst letztes Jahr, 2019, mit »Du bist mir gleich«. Diese Erzählung ist das Buch, das »Höhenrausch« hätte sein sollen.

Ähnlich zuwider wie »Höhenrausch« als Ganzes ist mir der große Makel am Roman »Feldeváye« aus dem Jahr 2014.

Auch in diesem Buch steht einiges, das ich gern in gesünderer Umgebung sähe. Ich habe die Haltung, um die es in

»Feldeváye« hauptsächlich geht, einer Romanfigur als Rüstung angelegt, zu der diese Haltung nicht passt. Hier rächt sich, dass ich kaum je Figuren erfinde. Der Personenbestand bei mir bildet nach wie vor, wie damals, 1984, unter der Küchenlampe an der grünen Schreibmaschine, Leute nach, die ich kenne und großartig (oder inzwischen auch mal: scheußlich) finde.

Das Urbild der Person, die in »Feldeváye« die zentrale Haltung leben soll, ist in der Wirklichkeit, aus der ich sie ausgeschnitten habe, nicht nur an der Haltung, die ihr das Buch zuschreibt, sondern an Haltungen insgesamt nicht interessiert.

Niemand ist verpflichtet, irgendjemandes Vorbild zu sein. Eine Heldin in einem Buch aber wird aus einer Person, der Haltungen egal sind, nur um den Preis von Unwahrhaftigkeiten. Schade um die schönen Teile von »Feldeváye«; das Ganze hat einen Riss.

Falls es jetzt für Sie so aussieht, als hielte ich mich für die einzige Person, die ein Buch von mir verwerfen darf, und spräche allen andern Recht und Kenntnisse ab, die nötig sind, darüber zu urteilen, möchte ich diesen Eindruck korrigieren, mit der Offenlegung einer peinlichen Erfahrung.

Meinen Roman »Dirac« aus dem Jahr 2006 hat, Jahre nach der Veröffentlichung, ein Kritiker, dessen Urteil ich ernster nehme, als ich mein eigenes je nehmen könnte, weil er sich besser als irgendwer mit dem Genre auskennt, zu dem das Buch nach meinem Willen gehören soll, in unterrichteter Runde dafür getadelt, dass der Titelheld, der einem wirklichen Physiker nachempfunden ist, darin auf merkwürdige Weise figuriert: Sein Leben, fand der Kritiker, werde zwar mit hohem Aufwand poetisiert, aber seine tatsächliche Präsenz bleibe blass. Es stimmt. Eine Absicht steckt zwar dahinter, aber die hat sich dem Mann nicht erschlossen, und das ist meine Schuld.

74

Wenn Nicky Drayden im Anhang zu »The Prey of Gods« (2017) erklärt, das Buch arbeite mit Motiven einer Reise nach Südafrika, die sie unternommen habe, behandle aber nicht das Land selbst, sondern das Verhältnis der Autorin zu ihm, ist damit eine literarische Technik beschrieben, die man sehr behutsam einsetzen muss, weil sonst ein absichtliches Verschwimmenlassen von Konturen aussieht wie eine Unsicherheit beim Schreiben. Auf einem vagen Bild von Gerhard Richter erkennt man sofort, dass das Vage gewollter Effekt ist; bei einer dilettantischen Fotografie, die ein ungeübtes Auge angefertigt hat, erkennt man nichts dergleichen.

Viel hängt, musste ich lernen, von der Motivwahl ab.

Der von Drayden bei »The Prey of Gods« gestaltete Stoff ist, wie eigentlich immer bei dieser Autorin, sehr sicher gewählt, den Zweck der Stoffwahl, die bei »Dirac« vorliegt, hat dagegen selbst ein Kenner ganz offensichtlich nicht gesehen.

Ich sitze unterm Eindruck dieser verdienten Schelte für »Dirac« derzeit an einem neuen Buch, das eine Art Seitenflügel zum [R]-Text werden soll.

Dieses Seitenflügelbuch verlangt von mir unter anderem, das Leben des Logikers Gerhard Gentzen zu gestalten, aber (wie damals bei Paul Dirac) nicht seine tatsächliche Präsenz. Ich hoffe sehr, dass bei diesem Buch klarer wird, was bei »Dirac« dem klügsten denkbaren Leser nicht klar wurde.

Aufgrund einiger Unterschiede zwischen der historischen Person Paul Adrien Maurice Dirac und der historischen Person Gerhard Gentzen bin ich leidlich zuversichtlich. Ob's klappt, ist aber nur praktisch zu ermitteln.

Sachfehler, Namensfehler, Grammatikfehler, Stilsorgen, Formfehler, Kompositionsfehler, falsche Stoff- und Themenwahl, ungenügende Durchführung eigentlich stimmiger Ansätze, verkehrte Antworten auf schiefe Fragen – fast nichts davon, wie gesagt, hat je eine im Literaturbetrieb wirkende Kritikerin oder ein Kritiker gemerkt.

Diese Fachleute werfen den Texten lieber vor, dass sie etwas anderes behandeln als das, was ihresgleichen interessiert. Liegt es womöglich daran, dass sie das, was mich interessiert, gar nicht sehen? Gegenfrage an mich: Warum schreibe ich nicht über das, was sie interessiert?

Sehr platt: Weil ich das nicht will *und* nicht muss.

Mein Glück besteht darin, dass (zumindest derzeit: noch) genug Leserinnen und Leser auf der Welt herumlaufen, die interessiert, was mich interessiert, um Verlage die Veröffentlichung nicht scheuen zu lassen.

Ich weiß: Es gibt literarische Texte, bei deren Abfassung man keine Mathefehler machen kann, weil keine Mathe drin vorkommt. Aber spätestens bei Texten, bei deren Abfassung man keine Grammatikfehler machen kann, weil keine Grammatik drin vorkommt, wird mir übel. Vielen nicht. Dafür gibt es Gründe.

Einer davon, um den derzeit viel kulturpessimistisches Theater veranstaltet wird, ist die Tatsache, dass Medien, die heute für eine wachsende Anzahl von Leuten das Schreiben und Lesen formatieren, gleichzeitig einerseits chaotisch (etwa jenseits von Rechtschreibung, Grammatik und Anstand) funktionieren, andererseits aber dieser Regelarmut zum Trotz keineswegs Maschinen der *Freiheit* und *Entgrenzung*, sondern Instrumente der Erzwingung von nie zuvor in solchem Umfang erlebtem *Konformismus* sind.

Alle auf Twitter sind originell bis zum Umkippen, aber jede und jeder dort klingen mehr nach Twitter als nach irgendeinem Subjekt.

Das hat eine kurze, böse Vorgeschichte.

Erst kamen die Blogs. Das waren muffige Zelte aus alten Plastikfolien, in die einen jemand hineinrief, der einen neunteiligen Vortrag über den Zusammenhang zwischen Liebe und Syphilis halten wollte. Dann kam Facebook. Das war eine Hütte aus modrigen Brettern und Wellblech. Da stand einer drin, der fragte: »Willst du mit mir schlafen? Kann aber sein, du holst dir dabei die Syphilis.«

Dem folgte Youtube. Das waren Filmchen über Versuche an Menschen, die man mit der Syphilis infiziert hatte.

Und jetzt haben wir Twitter, das ist, wenn man angebrüllt wird: »Hier ist deine Syphilis, oder passt dir was nicht?«

Da soll man dann jubeln oder motzen.

Der Wert, den das Gemeinwesen einer schriftlich öffentlichen Äußerung unter den derzeitigen Medienbedingungen zumisst, ist einer auf Skalen der Ablehnung oder Zustimmung, jedenfalls der Aufmerksamkeit.

Argumentiert wird nicht: Klickfrequenz ist Werbenutzen ist Profit.

Märkte für Texte gibt es schon länger. Jetzt aber rattert deren Spiel schneller, affektgesteuerter und effektversessener als je zuvor ab.

Leute lesen die kurze Zuckung des Glücks oder der Aversion, die sie formulieren wollen, vor dem Klicken des Absendeknöpfchens nicht mal mehr durch. Keine der Personen, deren Meinungsäußerungen zu Büchern auf Amazon ich zitiert habe, fragt sich beispielsweise, ob die Tatsache, dass sie mit einem Buch nichts anfangen kann, vielleicht mit ihr und nicht (nur) mit dem Buch zu tun hat.

Die Broch-Kritik sagt, »man« müsse sich beim Lesen von »Der Tod des Vergil« unverhältnismäßig konzentrieren. Die Kritik an Witzel sagt, wenn ein Buch »seinen Leser« nach 120 Seiten nicht interessiere, sei es nicht wert, gelesen zu werden, als wäre »sein Leser« eine eindeutige Adresse.

Details, gewiss. Aber da steckt der Teufel.

Anstelle des Peinlichkeitsempfindens, das man ja haben könnte, wenn man etwas nicht versteht oder schätzen kann, von dem man gehört oder gelesen hat, das andere es verstehen oder mögen, tobt sich an Texten, Filmen, Kunstwerken ein Urteilen aus, das umso allgemeiner zu sein beansprucht, je treuherziger es sich als etwas preisgibt, das einfach einem beliebigen Einzelnen querliegt.

Auch das kann man nicht neu nennen: Die forsche Empfindungsroheit, mit der so ein Individuum Unica Zürn den »Ausfluss eines schon kranken Geistes« attestiert, ist Resultat der längst bekannten Attitüde, die schon vor rund zweihundert Jahren angesichts der Schöpfungen des Dichters und Künstlers William Blake von »the ebullitions of a distempered brain« grunzte und deren Schöpfer »an unfortunate lunatic« nannte.[16]

In der »Fackel« berichtet Karl Kraus von einer Hetzjagd auf den Komponisten Anton Bruckner. Ein Musikrichter, den die »Fackel«-Satire den »Oberrichter« nennt, gibt bekannt, »vor einer Bruckner-Symphonie den Musikvereinssaal zu verlassen, um die Entwürdigung des Musikvereinssaals nicht mitanzusehen. Die Menge johlt. Vor jeder Bruckner-Symphonie wird der Musikvereinssaal verlassen.«[17]

Der entscheidende Satz ist: »Die Menge johlt«.

Bruckner, heißt es danach, werde »für toll erklärt« – wie Blake, wie Zürn.

Nicht neu, nicht gut, nicht überraschend.

Wie werden die Kunstschaffenden damit fertig? Gar nicht.

Sie haben wenig Waffen, nur ihre Gegenentwürfe zum Vorhandenen, wie diesen bei Marianne Fritz:

Auf seinem Gesicht war der Friede des Traums, spann sich, fort und immer weiter fort, floh hinaus ins Universum, Mutter Nacht war keine Rachegöttin, auch nichts Göttliches an ihr.

Betrachtete ihr sonderbar missratenes Kind, wie es missge-
staltet war, eine Ruine innen, die niemand sah, zugedeckt
mit Würden, Pflichten-Rechten. Wer weint um dich.[18]

Nach diesen Sätzen endet der Roman »Dessen Sprache du
nicht verstehst« mit einem Witz in der Dunkelheit, mit un-
verdienter Gnade:

Verdutzt auf das Gfrast hinabblickte die Mutter.
Sie weinte Wolken halfen ihr, wurden Regen.
Und der war hoch erfreut, dass man um ihn noch weinte?[19]

Die Schriftstellerin, die das geschrieben hat, missfiel, ich
erwähnte es schon, einem Satiriker. Der schrieb, weil ihm
die Sprache, in der Marianne Fritz ihre Gegenentwürfe zum
Vorhandenen artikulierte, nicht leicht in den Kopf und ins
Ohr ging, davon, dass das eine »terroristische« Sprache sei.
    Fällt ein Buch Leute an, die es nicht lesen wollen?
    Der Name »Terror« mag für unerwartete Lärm- oder
Lichtbelästigung durch Kunst greifen. Was hat er beim Lesen
verloren, wenn man das doch auch lassen kann?
    Der Satiriker denkt nicht allein so. Feuilletonistische Kri-
tik spricht heute ähnlich.
    Die Kritikerin Insa Wilke zum Beispiel schreibt über »Le-
gende«, das Hauptwerk des 1991 an den Folgen von Aids
verstorbenen Ronald M. Schernikau, am 4.2.2020 in der
»Süddeutschen Zeitung«:

Es gibt Bücher, von denen fühlt man sich bedroht, entmündigt, geknebelt. Ronald M. Schernikaus Hauptwerk,
der Montageroman »Legende«, ist so ein Buch. Mit Nora
Barnacle alias Molly Bloom möchte man schimpfen: »Ich
sage Ihnen, das Buch ist ein Schwein.«

Wieso fühlt sich eine Person, die sich nicht den ganzen Tag von den gesellschaftlichen Verhältnissen bedroht fühlt, die ihr keine anständige Gesundheitsversorgung garantieren, Verhältnissen, die sie in die Abhängigkeit von Vermietern oder sogenannten Arbeitgebern zwingen, von einem Buch bedroht, entmündigt und geknebelt, das sie nicht in der Schule lesen muss, das sie keineswegs bei Vorstellungsgesprächen kennen und aus dem sie nicht zitieren muss, einem Buch, das in keinem großen Publikumsverlag erscheint, der zu einem weltweit operierenden Medienkonzern gehört, einem Buch, das keine Preise kriegt und nicht verfilmt wird, einem Buch, das ein wehrloser Angehöriger einer politischen Niederlagenpartei geschrieben hat, ein Angehöriger sexueller und politischer Minderheiten auch, ein Mensch ohne mächtige Fürsprecher?

Sie merkt selbst, dass da etwas nicht stimmt:

Was löst achtundzwanzig Jahre später so eine Aggression aus, liest man dieses Buch? Die politische Gewissheit? Die rücksichtslose Travestie, die Schernikaus Jan-Philipp-Reemtsma-Avatar in Vernichtungsfantasien schickt? Die Hybris? Der Widerspruch von Freiheitsbehauptung auf 1000 Seiten und autoritärer Geste mit ihnen? Es dürften jedenfalls nicht nur die winzigen, auf hauchdünnes Papier gedruckten Buchstaben sein, die man angesichts der gleich zwei stilvoll in Rosa gehaltenen Lesebändchen verzeiht.

Phantasien und Sätze also sind »rücksichtslos«, nicht Wirtschaft und Politik, schreibt die Kritikerin.

Marianne Fritz, schrieb der Satiriker Gerhard Henschel, sei terroristisch, und Robert Menasse, kein Außenseiter des Betriebs, strafte dieselbe Marianne Fritz mit der barschen Formel vom »Analphabetismus als höchstes Stadium des literarischen Modernismus« ab.[20]

Wie versteht man das, diese Gereiztheit der Amazon-Kundschaft und der Literaturkritik, woher kommt das aufgeregte Vokabular zwischen »Terror«, »Qual und Pein« und »Analphabetismus«, zwischen »ins Eck pfeffern« und »ungenießbarer Quark«?

Wieso fühlen sich Personen von Texten, zu deren Lektüre sie kein Mensch nötigt, »bedroht, entmündigt, geknebelt«, terrorisiert, gequält?

Ich kann's leichter erzählen als erklären.

Anstrengungen nimmt man auf sich, wenn man etwas (haben) will. Manchmal denkt man, dass die Anstrengungen, die gewisse Texte fordern, nichts einbringen. Ich habe das auch schon gedacht. Dann habe ich die Texte weggelegt. Wo niemand Leute nötigt, anstrengende Texte zu lesen, die ihnen, wie man so sagt, nichts geben, stellt sich die Frage: Warum tun sie's? Oft sind sie ihnen *empfohlen* worden: von der Kritik, von Händlerinnen oder Händlern, in der Schule, an der Uni, im Gespräch, auch am Bildschirm, von einem Algorithmus (»Kunden, die X gekauft haben, wie Sie, kaufen oft auch Y«).

Manche unter den Unzufriedenen, die ich zitiert habe, sprechen offen von diesen Empfehlungen. Der Herr zum Beispiel, der meinen Roman »Neptunation« bei Amazon einen »Käse« nennt, gibt die Schuld an seinem ärgerlichen Leseerlebnis direkt dem »Berufskritiker aus TV und Presse« als solchem, während ein Berufskritiker, Ijoma Mangold, Kolleginnen und Kollegen dafür verantwortlich macht, dass er sich mit meinem Buch »Waffenwetter« hat abgeben müssen: »Um den Journalisten und Schriftsteller Dietmar Dath gibt es ein Gesumms von fast schon schwärmerischer Andacht. Wie etwas total Einzigartiges, das alle Schubladen sprengt, wird sein Schreiben und Denken behandelt. Und in der Tat stellt schon die schiere Menge seiner Textproduktion für herkömmliche Schubladen ein Problem dar.« Was Mangold da feststellt, ist nicht aus der Luft gegriffen, ich habe das Lob von Lars Weisbrod ja zitiert, ich sei »der einzig relevante SF-Schriftsteller der deutschsprachigen Gegenwartsliteratur«. Man kann sich also hineindenken in Mangolds Ärger – irgendwo wird etwas gelobt und geliebt, ein Buch von Ronald M. Schernikau, eins von Marianne Fritz oder eins von mir, dann legen sich die Leute das zu, es ist aber mühsam zu lesen und gibt ihnen nichts, sie sind also enttäuscht und fühlen sich betrogen.

Was ihnen das Lob versprochen hat, finden sie im Buch nicht wieder.

Wo ein ästhetisches Erzeugnis der Nichtigkeit bezichtigt wird, die sich hinter Lob versteckt, fällt oft der Name der Erzählung »Des Kaisers neue Kleider« von Hans Christian Andersen.

Dieses Kunstmärchen ist so bekannt, dass ich es nicht selbst nacherzählen muss, sondern zur Auffrischung des kulturellen Gedächtnisses eine Inhaltsangabe aus der die deutschsprachigen Wikipedia kopieren darf:

Das Märchen handelt von einem Kaiser, der sich von zwei Betrügern für viel Geld neue Gewänder weben lässt. Diese machen ihm vor, die Kleider seien nicht gewöhnlich, sondern könnten nur von Personen gesehen werden, die ihres Amts würdig und nicht dumm seien. Tatsächlich geben die Betrüger nur vor, zu weben und dem Kaiser die Kleider zu überreichen. Aus Eitelkeit und innerer Unsicherheit erwähnt er nicht, dass er die Kleider selbst auch nicht sehen kann, und auch die Menschen, denen er seine neuen Gewänder präsentiert, geben Begeisterung über die scheinbar schönen Stoffe vor. Der Schwindel fliegt erst bei einem Festumzug auf, als ein Kind sagt, der Kaiser habe gar keine Kleider an, diese Aussage sich in der Menge verbreitet und dies zuletzt das ganze Volk ruft. Der Kaiser erkennt, dass das Volk recht zu haben scheint, entscheidet sich aber, »auszuhalten« und er und der Hofstaat setzen die Parade fort.

Eine übliche Auslegung dieses Märchens nutzt es, wie gesagt, als Metaphernspender für Situationen, in denen Kunst demontiert werden soll, die »nur so tut, als hätte sie was zu sagen«, während in Wahrheit »nichts dahinter« sei.

Die Perspektive des Kindes, das ruft: »Er hat ja gar nichts an!« wird als Sichtweise unverbildeter Normalität empfohlen.

Weggelassen wird dabei freilich die Machtkonstellation im Märchen und das Spiel mit ihr, das die beiden Gauner treiben. Der Coup funktioniert ja nur, weil der Kaiser ahnt, dass die Leute ihm nicht etwa deshalb gehorchen, weil er der Kaiser ist, sondern dass er umgekehrt nur so lange der Kaiser ist, wie sie ihm gehorchen, weil sie noch glauben, er sei mit Recht im Amt. Er unterwirft sich also gleichsam seiner eigenen abstrakten Macht, um sie nicht zu verlieren. Nur deshalb unterwerfen sich alle Höflinge: weil sie wissen, dass der Herrscher jede und jeden Einzelnen strafen kann, solange alle anderen mitmachen, wenn er eine Strafe anordnet. Sie alle tanzen nach der Pfeife der Betrüger, die das Machtverhältnis am sensiblen Punkt packen, dem des Einverständnisses zwischen den Mächtigen und den Ohnmächtigen, das gemeinsame Spiel weiterzuspielen.

Wenn nun aber Literatur, die keinerlei Macht hinter sich hat und keine Gewalt bei sich, als etwas geschmäht wird, das angeblich tut, was nur Macht oder Gewalt verlässlich tun können, nämlich terrorisieren, foltern, quälen, bedrohen, was ist das dann?

Würde jemand über die Kunst von Marianne Fritz sagen: »das hat nichts zu sagen«, so wäre das freilich in einem schlimmen Sinn buchstäblich wahr: Sofern »etwas zu sagen haben« als »etwas zu befehlen haben« oder »etwas zu melden haben«, auch: »den Ton angeben« verstanden wird, hat Fritz tatsächlich nichts zu sagen. Sie ist machtlos.

Die »Entlarvung« der Avantgarde oder anderer Nischengenüsse (Science Fiction, Comics, Lyrik) durch die Mundstücke des Mehrheitsgeschmacks als »wertlos« legt nichts als die Ohnmacht der Minderheitenkunst offen. In einem schrecklichen Sinn ist sie Aufklärung, aber, mit Horkheimers und Adornos bösem Wort, »Aufklärung als Massenbetrug«, nämlich eine in die Wahrheit gehüllte Lüge. Diese Lüge besteht in der jener Wahrheit impliziten Behauptung, es *lohne* sich nicht, Dinge zur Kenntnis zu nehmen, hinter denen keine Macht steht. Weil die Kritikerin, der Kritiker, die Amazon-Kundin und der Amazon-Kunde darauf dressiert sind, Bedeutung und Wert nur noch unter der Fuchtel vorwaltender Aufmerksamkeitskonjunkturen zu bestimmen, auf der Machtkurve der Diskurszone, fühlen sie sich, wenn sie in Texten nichts auf diese Weise Verwertbares finden, betrogen, bestohlen, schlecht behandelt, terrorisiert, gequält und so weiter.

Dass man Texte ablehnt, weil sie keinen Wert auf solcher Skala haben, ist so, als würde jemand sagen: Regelmäßige körperliche Bewegung fürs Herz, für die Gelenke und die Muskulatur, nein, Danke, ich gewinne ja keine Medaille damit.

Es steckt freilich Ernsteres dahinter.

Wenn man vor dreißig Jahren in der alten Bundesrepublik Deutschland akademisch gebildeten Leuten erzählte, es gebe da eine Klasse, die so gut wie alle Produktionsmittel besitzt und davon lebt, die Arbeitskraft anderer zu kaufen, die sich an diesen Produktionsmitteln verdingen, und es gebe eine andere Klasse, die keine Produktionsmittel besitzt und daher ihre Arbeitskraft verkaufen muss, weil sie sonst nichts hat, dann sagten diese akademisch gebildeten Leute: Ach ja? Und was ist mit dem Mittelstand?

Der hat doch mehr als seine Arbeitskraft, besitzt vielleicht eine Metzgerei, Wohneigentum oder eine besonders gute Ausbildung, der verfügt über Kultur und ist sozial mobil, der kann sein eigenes Glück machen und selbst, wenn er abhängig beschäftigt ist, dank Fleiß und Sparsamkeit wenigstens im Alter einen Zustand erreichen, wo niemand ihm mehr was befiehlt, weil er unabhängig ist und nicht erpressbar.

Dieser Mittelstand, glaubten viele, passte in kein kulturloses Klassenkampfszenario. Er sei, weil man ihn ja eben nicht erpressen könne, immer an neuen Ideen und Perspektiven interessiert.

Es war einmal.

Das Sparbuch bringt keine Zinsen mehr. Der Kampf des hochkonzentrierten Kapitals um Märkte setzt riesige Sauger in die Welt, die noch den letzten Spargroschen fressen, um damit die weltweiten Schlachten des Kapitals um seine Märkte zu schlagen, weshalb der Kleinbürger (das ist jener »Mittelstand« als Realwesen) sein Geld nicht mehr sparen, sondern anlegen soll, wobei »anlegen« ein Fachausdruck ist, er steht für: dem Großkapital leihen, damit es flüssig ist, bei seinem Spielbankwahnsinn.

Bildung als Aufstiegsindikator hat sich erledigt: Man sieht heute mit sehr geringen Irrtumsabweichungen am Sozialstatus der Eltern, ob ein Kind eine Schlosserlehre machen wird oder bloß ein dummes Gesicht; des isch halt so.

Abstieg wegen Blödheit ist ebenfalls selten geworden: Im Umfeld angesehener Literaturverlage und bürgerlicher Bildungsblätter habe ich steinreiche Vollpfosten kennengelernt, bei denen man sich fragt, wer zieht die morgens an und abends aus, wer kaut für die, wenn sie essen? Aber eisern sitzen sie im Sattel, denen passiert nix, und wenn Afrika verhungert und der ganze mittlere Westen der USA Drogen nimmt; des isch halt so.

Das berühmte bewegliche, neugierige, aufgeweckte Kleinbürgertum hat sich in den Klassenkämpfen des zwanzigsten Jahrhunderts nicht mit den Besitzlosen verbündet, um das ganze Schwachsinnssystem zu stürzen, sondern ist den Besitzenden hinterhergelaufen.

Da geschieht ihm die Liquidation, die es jetzt erlebt, ganz recht.

Dumm und mindestens ärgerlich für mich persönlich ist daran nur: Buch- und Zeitungsverlage, Radiosender und Theater merken, dass ihnen das Publikum, die Middlebrow-Kundschaft, eben *das Kleinbürgertum*, schneller wegschmilzt als Packeis im Sonnenlicht. Panisch versuchen sie, Anschluss an die verblödete Horde zu finden, die auf den Plattformen des Ressentiments und der Pöbelei vom Kleinbürgertum übrigbleibt.

Der Imperativ, der sich da bildet (aber noch nicht allenthalben durchgesetzt ist) lautet: Schriftstellerinnen und Schriftsteller, lest Kommentare im Netz, und dann schreibt so, wie die das wollen! Ich habe die Folgen selbst erlebt: Anzugvogelscheuchen schwärmen in einem Unternehmen aus, auf dessen Fahne irgendwas mit »Kultur« steht, nehmen die Säge in die Hand, kürzen das Sperrige, das irgendeine putzige oder zanksüchtige Dummheit nicht begreift und nicht leiden kann. Die Säge, mit der man da kürzt, funktioniert allerdings leider nur stammeinwärts, wenn Sie wissen, was ich meine.

Kein Grund, sich umzubringen: Vielleicht interessieren sich, wo es keine Kleinbürgerkinder mehr gibt, die Literatur schreiben und lesen, irgendwann andere, bösere, wachere, illusionsärmere Kinder dafür, was man mit Literatur alles machen kann, was man damit denken und sagen, welche Haltungen man entdecken und bauen kann, wenn man die Sprache den Mächten entreißt, die sie disziplinieren wollen: der Konvention, dem Markt, der Autorität.

Viele Bücher werden jetzt verramscht, das heißt: Sie werden billiger. Aber das heißt nicht zwingend: Sie sind weniger wert.

Es kommt darauf an, wer sie liest und was daraus folgt.

In der Ankündigung, die ich zu dieser Veranstaltung geschrieben habe, steht zu lesen, ich wolle »über ein Schreiben« reden, »das sehr verschiedene literarische Formen ernstnehmen will, auch solche, denen man die Anerkennung als Literatur noch verweigert. Sie schmiegen sich an Genres, Techniken und Gesten, die nicht zusammenpassen, oder sie sträuben sich dagegen.«

Sie haben sich, falls Sie das gelesen haben und es Ihnen Lust gemacht hat, herzukommen und zuzuhören, dabei vielleicht gedacht: Die in diesem Text erwähnten Formen, denen man die Anerkennung als Literatur verweigert, sind wohl die journalistischen, denn Dath ist ja unter anderem Journalist. Er wird uns vermutlich erzählen wollen, dass und wieso seiner Ansicht nach auch Journalismus Literatur sein kann.

Diese Ansicht hege ich tatsächlich. Journalismus als Literatur: Das *kann* passieren.

Wenn Clara Drechsler die Band Slayer trifft und interviewt, und wenn die Begegnung danach ein Artikel für »Spex« wird, finden sich Haltungen zu Informationen im Feld von Thema, Stoff und Form gestaltet. Wo sowas passiert, rede ich, Sie wissen das, von Literatur.

Meine Ankündigung sollte aber etwas viel Einfacheres sagen.

Das hat mit der Literaturkundschaft zu tun, die in den Jahren, als ich mit dem Schreiben anfing, den kommerziellen und ästhetischen, in den einschlägigen Medien ausgehandelten Wert von Literatur ermittelt hat und die das heute nicht mehr tut.

Science Fiction, um damit anzufangen, wurde in meiner Jugend und bei den meisten lesenden Erwachsenen, die ich kannte, abgefertigt mit einem Urteil des Sinnes: »Das ist *noch* keine Literatur, das ist Unterhaltung«.

Texte von Marianne Fritz oder Arno Schmidt dagegen wurden damals von denselben Leuten abgefertigt mit einem Urteil des Sinnes: »Das ist keine Literatur *mehr*, das ist Manie, Verstiegenheit, Wahnsinn.«

Was ich damals erlebte, war, dass als Literatur nur das gelten sollte, womit Kleinbürgerinnen und Kleinbürger klarkommen, wenn sie es zur Erbauung lesen.

Das ist vorbei. Gott sei Dank.

Was kommt jetzt?

Ich habe Ihnen versprochen, etwas von Feindschaft zu erzählen.

Die Feindschaft, die ich meine, besteht, soweit es mich betrifft, nicht zwischen mir und denen, die meine Texte nicht mögen. Die Feindschaft, die mich freut, besteht zwischen mir und denen, die anderer Leute Arbeitskraft kaufen. Denn mit denen muss ich ein Gemeinwesen teilen, von dessen Vermögen und Bereitschaft, meine Praxis auszuhalten, bis ins Alltägliche abhängt, ob ich weitermachen kann. Von der Toleranz derer, die anderer Leute Arbeitskraft kaufen, mag ich nicht gern abhängen.

Wenn es Konsens wird, dass ich eine Macke habe, wonach es derzeit stark aussieht, brauche ich Nischen der Toleranz, sowohl für den essayistischen Text [A] wie für den literarischen [R]. Denn das der Mehrheit, der Macht oder dem

Markt unbekannte Wort oder der dieser Mehrheit, dieser Macht oder diesem Markt unbekannte Gedanke werden im Sachtext von den dreien ebenso sehr abgelehnt wie im literarischen – wer eine Haltung nicht kennenlernen will, möchte wahrscheinlich auch Argumente, die sie stützen, nicht dulden, interessanterweise hört man auch in diesem Fall dann aber keine inhaltlichen, sondern die schon aus dem Bannstrahl gegen missliebig Literarisches bekannten formalen Einwände, vorgetragen in der Tonart »so schreibt man nicht«, denken Sie an Alexander Cammanns »Pittoreske Riesenklammern und mäandernde Satzkonstruktionen, die zusammennageln, was besser getrennt wäre« gegen das nicht literarische, sondern diskursive Buch »Der Implex«, und gleich dabei ist der Vorwurf »Terror«, nein, diesmal: »kalaschnikowhafte Selbstermächtigungsprosa«, denn etwas lesen, das nicht gefällt, ist wie beschossen werden.

Will man das, was derartige Laune sich nicht bieten lassen mag, trotzdem äußern, dann ist man angewiesen auf Orte für diejenigen, die der Norm nicht entsprechen, auf etwas Paradoxes wie, sagen wir: Parkplätze für Leute ohne Fahrzeug. Für mich läuft es günstiger, wenn Menschen sagen: »Ich kann mit Daths Zeug nichts anfangen, es gefällt mir nicht«, als wenn sie sagen: »Daths Zeug sollte besser nicht sein.«

Ein netter Antileninist auf Twitter hat neulich herausgefunden, meine Einlassungen zu soziopolitischen oder ökonomischen Themen seien nicht einfach falsch, widersinnig oder sonst irgendwie verfehlt, sondern hätten »mit Gesellschaftskritik nichts zu tun«, also weg damit. Wie gesagt, es wäre mir lieber, man könnte sich darüber unterhalten, was jeweils gewollt war und ob es erreicht wurde, als dass Leute sagen: Das ist nicht das, was wir als Gesellschaftskritik, als Literatur oder irgendeine andere tolerable schriftliche Äußerung gelten lassen wollen.

Darf ich die nötige Gelassenheit erwarten? Ich erwarte sie nicht. Ich hoffe auf sie.

Es geht hier, ich erinnere daran, um mehr und Wichtigeres als mich: soziale Voraussetzungen, Begleiterscheinungen und Folgen von Schreibweisen, die angefeindet werden. Ich rede davon, wie und warum und mit welchen Ergebnissen Leute Feindschaft gegen das empfinden und artikulieren, was andere Leute tun.

Ich rede letztlich darüber, dass Leute, die man aufeinander hetzen kann, leichter zu regieren sind als Leute, die bei so etwas nicht mitmachen.

Das ist keine Literatur!

Das ist keine Gesellschaftskritik!

Das ist keine Musik!

Die Menge johlt.

Teenager, so zeigen Beobachtung und Experiment, fürchten heute weniger Verhaltenskontrollen und Sanktionen seitens Eltern, Lehrkörper und Dorfgeistlichen, vor denen wir jungen Leute Mitte der Achtziger in meinem Kaff Angst hatten, sondern eher Strafen, die eine *peer group* verhängt.

Die Form der Unterdrückung, der Ausbeutung, der Ausgrenzung, der Isolation, des Einschlusses und aller anderen Sauereien in ungerechten Sozialzusammenhängen, die ich derzeit am grellsten und häufigsten wahrnehme, ist der Mob, die Rotte, die Horde.

Die Menge johlt.

Man soll auf Gejohle nicht antworten; Anfeindungen auf sich beruhen lassen.

Widerrede gilt als wenig vornehm, ungeschickt, auch weinerlich. Man hat in meiner Branche Wörter wie »Kritikerschelte« dafür oder »Publikumsbeschimpfung«.

So etwas tut man nicht.

Mein ganzes bewusstes Leben lang haben mir Personen mit mal verbürgter, mal angemaßter Autorität erzählt, was »man« tut und was nicht:

Wenn du nicht zur Tanzschule gehst, kriegst du keine Freundin.
Wenn du dir keinen Ferienjob suchst, wirst du später keinen Beruf haben.
Wenn du keinen Führerschein hast, wirst du nicht im Journalismus arbeiten können.
Wenn du Marxist bist, wird niemand deine Romane lesen.

Alles falsch, längst empirisch widerlegt.

Es gibt verschiedene Möglichkeiten, auf Versuche der Erziehung und Disziplinierung durch ein Kollektiv oder das Mundstück eines Kollektivs zu reagieren.

Unter kunstbegeisterten Menschen, die sich von der Menge nicht vorschreiben lassen wollen, was Kunst, Künstlerinnen und Künstler tun sollen und was nicht, lebt seit einiger Zeit eine Schule des *Trotzes*. Sie deutet das mancher Kunst zugefügte Stigma der Ablehnung durch die Umgebung gern zum Ausweis der Güte dieser Kunst um: Gerade und nur das, was die Menge, die Mehrheit, die Macht, der Markt nicht mögen, soll das Gute, ja das Beste sein, und zwar nicht obwohl, sondern weil die genannten Instanzen es nicht mögen.

Vereinzelung, Verkanntsein, Verhungern oder Verrücktwerden sollen die unausweichlichen Schicksale des Richtigen sein.

Damit ist diese Schule gerade so an die genannten Autoritäten gefesselt wie der schlimmste Spießer, nur negativ.

Die Autorität sagt beispielsweise, Kunst solle schön sein. Also ist für die Bockigen das Hässliche die wahre Kunst. Die Autorität sagt, es ginge in der Kunst um Werke. Also weisen die Bockigen den Werkbegriff zurück.

So geht's dann weiter mit den Gattungsbegriffen, mit deren Regeln, am Ende mit der Idee des Gelungenen überhaupt, so dass die Bockigen das Abgebrochene, Zerstörte und Nichtvollendete unterm Namen *Fragment* oder *Dekonstruktion* oder Pipapo finster entschlossen anbeten.

Die Umkehrung einer Idiotie ist oft eine andere Idiotie.

Wenn der Trotz Pech hat, entdeckt ihn eine Macht und ruft ihn als neue Staatskunstlehre aus. Dann wird etwas gefördert, was der Mehrheit nicht einleuchtet. Jeder Hass darauf kann sich fortan oppositionell fühlen.

Vielleicht meint man ja, wenn man dem Druck der Vielen stumpf antagonistisch widersteht, man habe sein Innerstes gerettet, vor der Menge, der Masse, der Mehrheit, dem Markt, der Macht. Wer sein Innerstes rettet und hütet, ist möglicherweise ein guter Mensch.

Vielleicht macht es Spaß, ein guter Mensch zu sein.

Ich weiß das nicht. Mein Umgang mit der Menge, der Masse, der Mehrheit, dem Markt und der Macht ist ein anderer als der, in den sich die Schule des Trotzes hineinzusteigern pflegt.

Ich mache nicht immer, was diese Autoritäten wollen.

Ich widersetze mich manchmal und manchmal nicht.

Ich war nicht in der Tanzschule, habe keine Ferienjobs gesucht und musste meine Sommer ohne Geld zubringen, las stattdessen Bücher aus der evangelischen Stadtbibliothek und Presse vom Altpapierhaufen des Hausmeisters.

Ich habe auch keinen Führerschein, aber keineswegs aus Trotz, sondern weil ich Ziele verfolgen wollte und weiter verfolgen will, die mir keine Zeit und kein Geld für den Führerschein ließen; Ziele, die mit den für mich seitens der Menge, der Masse, der Mehrheit, dem Markt und der Macht vorgesehenen Zwecken meines Lebens, Tuns und Lassens nichts zu tun hatten und haben – keine Schlosserlehre war dabei, aber auch kein Studium, nur die Schreiblehre, die ich machen konnte, weil es Leserinnen und Leser gab und gibt, damals Melina und Mark, heute andere.

Die Lehren, die ich aus dem mir erreichbaren Wissen über Vorbilder ziehen kann, sind hart: Isolation zum Beispiel, die man selbst wählt, um möglichst alle Parameter der Außenbeziehungen kontrollieren zu könnten, macht verrückt, das weiß ich vom Schicksal zweier großer Erzähler, die mir von einem hellen Häuschen in Kanada und von einer Bruchbude in Deutschland aus viel beigebracht haben.

Andererseits macht *schlechte* Gesellschaft dumm, das weiß ich vom Schicksal zweier anderer Vorbilder, die mir von Tanzveranstaltungen in Berlin und von Verschwörungstreffen in Freiburg aus viel beigebracht haben.

Was tun?

Garantiert hilfreiche Gesellschaft ist im schlechten Gemeinwesen nicht zu haben.

Scheitern scheint unvermeidlich.

Aber was ist das genau, Scheitern, wie geht das?

Ich würde zum Beispiel sagen: Marianne Fritz ist am Ende ihres Lebens gescheitert. Das ist keine moralische Wertung, ich messe es nicht an meinem Eindruck von ihren letzten veröffentlichten Texten. Ich verstehe wenig von diesen Texten, ich kann ihnen nicht weit folgen. Aber was ich von anderen verlange, von der Kritik und dem Publikum, muss ich auch von mir selbst verlangen, nämlich die Bereitschaft, für möglich zu halten, dass es am Leser oder an der Leserin liegt, wenn ein Text nicht verstanden wird.

Gescheitert ist Marianne Fritz also nicht an mir, sondern an einem Vorhaben, von dem man weiß: Sie wollte noch weitere Bücher publizieren.

Die wurden aber bis heute nicht verlegt, obwohl es Textgrundlagen gibt, die man edieren könnte. Man schreibt Literatur, damit sie gelesen wird (ich weiß: Spekulation, Metaphysik. Ich habe mich dazu bereits bekannt).

Man kann der Dichterin ihr Scheitern nicht vorwerfen; es ist allemal kunstgemäßer, dem eigenen Material in die Dunkelheit zu folgen als auf dem Marktplatz mit der Verwertungskette Seilhüpfen zu spielen.

Sie erinnern sich aber hoffentlich, wie ich Ihnen von Anne Garréta erzählt habe, die ihre Einzigartigkeit als Schriftstellerin nicht nur gegen eine Gemeinschaft ertrotzt hat, jene idiotisch-allgemeine nämlich, die fies wird, wenn man ihr etwas erzählt, das sie nicht hören will, sondern diese Individualität auch in einer Gemeinschaft erarbeitet hat, einer großartigen.

Die Gemeinschaft, in der Anne Garréta zu ihrer Singularität gelangte, Oulipo, ist für mich ein Modell für jeden Arbeitszusammenhang, in dem Leute schreibend ihre je eigenen Lösungen für ihre je eigenen Aufgaben finden können.

Jeder produktive Arbeitszusammenhang taugt als Gesellschaftsmodell, das dem Bewusstsein beibringen kann, wie Individualität in Gesellschaft entsteht und überlebt, ja blüht. Der Horizont dieser Wahrheit ist der historisch gut belegte Umstand, dass eine Gesellschaft, die keine Individualitäten hervorbringt und schützt, gar keine ist, sondern Rudel, Horde, Mob, Johlen. Ewig kann sowas sich nicht halten gegen die Bedürfnisse, die Ansprüche, die jedes Gemeinwesen produziert; die Träume.

Wenn ein Gemeinwesen den Menschen die Befriedigung zu vieler Bedürfnisse versperrt, hauen sie es früher oder später kaputt.

Eigensinn ohne Solidarität wird nie zu haben sein.

Solidarität ohne Eigensinn ist bloßer Konformismus.

Gegen Gesellschaft, wo sie Knast wird, hilft nur eine Gegengesellschaft, die befreit.

Das ist der »Gegensatz«, von dem der Titel des Finales meiner Schreiblehre spricht.

IV. Gegensatz

> There is no end to the edit war,
> and we can never claim victory.
>
> *Annalee Newitz*

Ein letzter Schlenker ins Politische und Moralische also; eine letzte Erklärung: Ich habe meine *inhaltliche* Definition des »guten Menschen« bis hierher noch verborgen gehalten und den Typus lediglich sozialpsychologisch beschrieben, von außen, als jemanden, bei dem *das Gute* keine *performance* für andere ist.

Worin dieses *Gute* aber für mich substanziell besteht, habe ich nicht verraten. Ich will das jetzt tun, als letzte Wortgebrauchsbestimmung.

Die geht so: Ein guter Mensch ist einer, der von sich selbst mehr verlangt als von anderen.

So bin ich nicht, Sie wissen das.

Ich weiß es auch: Ich verlange von vielen anderen Menschen, dass sie meine Texte bezahlen, lesen und verstehen. Ich will davon leben, dass ich sie schreibe. Dazu brauche ich, man sollte sich die Größenordnung klar machen, Tausende von Leserinnen und Lesern, also viele, die ich nie treffen, deren Namen ich nie kennenlernen werde. Ich möchte nicht tausende von Autorinnen und Autoren lesen, schon gar nicht nur solche, die mich auch lesen könnten, es gibt viel zu viele, die mich interessieren und mich mit absoluter Gewissheit nie lesen werden, zum Beispiel, weil sie längst tot sind.

Das heißt: Tausende sollen für mich tun, was ich für sie nie täte.

Ich habe mir in den Kopf gesetzt, so zu arbeiten und zu existieren. Dazu gehört mehr als die Druckerlaubnis; dazu gehören Freiheiten vor dem Schreiben, beim Schreiben, sogar danach, bei der Entscheidung darüber, was mit dem Geschriebenen passiert. Dazu gehört, dass ich mir nur in vertraglich sehr genau ausgehandelten Situationen sagen lasse, wie und was ich schreibe. Selbstverständlich sind Kompromisse nötig, Abstufungen zwischen Freiheitsgraden in unterschiedlichen Kontexten – bei der Zeitung zum Beispiel schreibe, bestelle und redigiere ich Texte, die ich nicht schreiben, bestellen oder redigieren würde, wenn ich eine andere Einkommensquelle fürs Lebensnotwendige hätte als eben die Zeitung.

Nichts in mir drängt nach dem Verfassen von Meldungen über die Jury der Berliner Filmfestspiele. Das ist aber eine Art der Querfinanzierung: Mit der Arbeit an Texten, denen ich als völlig freier, wirtschaftlich unabhängiger Mensch nie begegnen würde, kaufe ich mir die relative, bescheidene Unabhängigkeit beim literarischen Schreiben.

Man könnte sagen, meine erste und meine zweite Schreibregel sind der Überbau zu dieser wirtschaftlichen Basis. Mir ist das bewusst.

Lenin pflegte zu sagen, er habe vor der Oktoberrevolution manches in »Sklavensprache« verfasst. Meine Parteipresse, meine Gelegenheit zur nicht gemäßigten Rede, wo ich nicht in Sklavensprache reden muss, finde ich, abgesehen von ein paar kleinen sozialistischen und kommunistischen Organen, nur in der Literatur.

Hier praktiziere ich, wo das geht, etwas, das ich »Inhaltsversteigerung« nenne: Jedes Buch wird so vielen Verlagen angeboten, wie nötig sind, bis ein Gespräch dabei herauskommt, das meine grundsätzliche Darstellungsabsicht als Grundlage einer Übereinkunft fasst, die Vertragsform annehmen kann, auch wenn im Vertrag selbst gar nichts Inhaltliches steht.

Ich ziehe damit eine Konsequenz aus der Tatsache, dass es sehr schwer ist, ein Buch zu schreiben, zu lektorieren, zu verkaufen oder zu bewerben, wenn sich Verlag und Autorin oder Autor nicht einig darüber sind, was drinsteht und was drinstehen *soll.*

Die nicht mit dem Betrieb vertraute Menschheit ahnt gar nicht, wie häufig ein Roman über ein Zebra von einem Verlag angenommen und dann von dessen Lektorat, von der Gestaltungs- oder der Werbe- oder der Presseabteilung ruiniert wird, weil im Laden alle denken: Ja, tolles Pferd, aber die schwarzweißen Streifen sind ja wohl unnötig.

Konkret heißt das, dass ich das Buch »Niegeschichte« bei drei anderen Häusern hätte publizieren können als bei dem, das es dann verlegt hat. Bei allen dreien aber wollten die zuständigen Verhandlungspartnerinnen und Verhandlungspartner mehr über Mister Spock oder über Computerspiele oder Streaming oder »Wissenschaft als Ersatzreligion« oder über irgendwelche anderen kleinbürgerlichen Ideologeme lesen und weniger über Kategorientheorie oder meine Jugend, als nun drinsteht.

Das ist völlig legitim, Menschen sollen lesen und drucken wollen, was immer ihnen einfällt. Aber es bedeutet, dass sie nicht »dieses Buch, nur anders« wollten, sondern »ein anderes Buch«, auch wenn sie das nicht so sehen.

Es ist betrüblich, wie oft Leute denken, ein Buch lasse sich ändern und bleibe doch dasselbe. Es ist betrüblich, wie oft Leute denken, die Gestalt, in denen ihnen ein Buch entgegentritt, sei nicht weiter von Belang. Es ist betrüblich, wie oft Leute denken, ein Buch sei nicht geschrieben worden, sondern jemandem passiert.

Ich habe sehr nette Kolleginnen oder Kollegen bei der Zeitung, die ein finanziell aufwendigeres Leben führen als ich (nicht etwa im Sinne von Luxus, sondern zum Beispiel: mit Kindern). Sie müssen sich bei Verhandlungen über Bücher, die sie schreiben, daher über Vorschüsse Gedanken machen, weil sich die Arbeit an Büchern zusätzlich zur redaktionellen Arbeit sonst für sie nicht rechnet – weil sie sonst draufzahlen würden.

Ich kann mir (noch) den Luxus leisten, ein sogenanntes »Sachbuch« wie »Niegeschichte« als literarischen Text anzulegen, der zwar in Gestalt einer Abhandlung erscheint, aber ein Roman meines Bewusstseins auf der Reise durch die Science Fiction ist. Ich kann mir (noch) den Luxus leisten, meinem komischen Kodex (»das Geschriebene ist kein Unfall«) bei allen Verhandlungen über eine Veröffentlichung dieses Romans so lange und so konsequent zu beherzigen, bis ein Verleger namens Andreas Rötzer auftaucht, mit dem man schon beim ersten Gespräch, nachdem er das Einführungskapitel von »Niegeschichte« gelesen hat, über Wesen und Wert der Science Fiction, über William Gibson, über Filme und die Aufhebung des Unglaubens als Voraussetzung der Phantastik reden kann.

Ich habe bis jetzt überhaupt einfach unfassbar viel Glück gehabt mit meinem Eigensinn.

Ich bin davon überzeugt, dass mich das Glück, das ich bis jetzt gehabt habe, zur Klarheit gegenüber denen verpflichtet, die mir die Mittel bereitstellen, mein Arbeitsleben so zu führen, wie ich das will.

Deshalb teile ich jeder Lektorin und jedem Lektor, auf die ich angewiesen bin, etwas mit, das die kleinteilige Folge der »Inhaltsversteigerung« ist, die sagt, den Zuschlag kriegt nicht derjenige Publikationsort, der am meisten bezahlt, sondern der, dessen Personal die höchste Toleranz für meine Darstellungsabsicht und das beste Verständnis ihrer jeweiligen

Parameter zeigt. Jede Lektorin, jeder Lektor erfährt von mir, wie ich es sehe:

Man kann die Stileigentümlichkeiten einer Autorin oder eines Autors ungelenk, schräg, umständlich etc. finden.

Aber sie zu ändern, gehört nicht zum Lektorat, aus einem simplen praktischen Grund: Die Wahrscheinlichkeit, dass beim Umstellen von Satzgliedern oder Auswechseln von Wörtern (neue) Fehler entstehen, ist viel größer als der Nutzen, der ja allenfalls darin bestehen kann, dass es sich hinterher eher so liest, wie die Lektorin oder der Redakteur es selbst geschrieben hätten.

Es ist einfach eine Frage der Arbeitslast: Wenn, wie das bei Lektoraten geschehen kann, die sich etwa bei Marianne Fritz oder bei einfacheren Leuten (wie mir) nicht gleich auskennen, in jedem Absatz (ich hab's erlebt) mindestens einmal die Syntax verändert oder die Wortentscheidungen korrigiert werden müssen, wird das Buch selbst bei weit unterm Mindestlohn liegender Bezahlung für die mit der Bearbeitung des Textes Befassten schlicht zu teuer.

Erfahrungsgemäß weiß ich, dass die überwiegende Mehrzahl der sprachbezogenen Änderungsideen, mit denen Autorinnen und Autoren im Lektoratsprozess konfrontiert werden, keine Grammatik- oder Sachfehler betrifft, sondern Stilangelegenheiten.

Da die gewissenhafte Autorin und der gewissenhafte Autor gehalten sind, jede einzelne Anmerkung ernst zu nehmen, müssen sie jedes Mal überlegen, warum da etwas geändert werden sollte. Oft zeigt sich dann, dass die Urheberin oder der Urheber die Variante, die vorgeschlagen wird, beim ursprünglichen Schreibvorgang auch bedacht, aber verworfen hat, weil dem schreibenden Bewusstsein die andere besser passt, die herauskam, da sie halt tatsächlich sagt, was gesagt sein soll.

Es wäre daher hilfreich, wenn das Lektorat, sagen wir: den Satz »Auf der Treppe liegt der Hund« nicht umarbeiten würde zu »Der Hund liegt auf der Treppe«, einfach, weil es häufig genug einen Grund hat, wo man die »komische« Wortstellung wählt (ich will z.B. die Treppe betonen, damit man sieht, der Hund liegt nicht in der Wohnung usw.).

Andernfalls wird man die tatsächlichen Fehler, die auch die sorgsamste Urheberschaft ja dauernd macht, übersehen, oder sogar, siehe oben, neue produzieren.

In Frage gestellt, per Anmerkung hervorgehoben, wenn auch nicht unbedingt sofort geändert werden, sollte also etwas wie: »Auf der Treppe liegt die Hund« oder »Auf der Treppe liegen der Hund«, es kommt ja vor.

Eins ist Grammatik, das andere Stil.

Mein eigener Stil, soviel habe ich inzwischen begriffen, kommt vielen bescheuert vor. Aber deren Name steht ja dann auch nicht auf dem Buchdeckel.

Im Wechselspiel von Wortwahl und Grammatik geht's ums Ganze: Wenn Hermann Hesse sein Buch »Unterm Rad« nennt, dann gibt es sicher irgendwo auf dieser entsetzlichen Welt ein Sprachgefühl, das lieber »Unter dem Rad« sagen würde. Man soll nicht nur nicht beim Fahren über jemanden hinwegrollen, sondern auch nicht beim Mitfahren ins Lenkrad greifen.

Ohne ein Lektorat an meiner Seite, das mir sagt: »Rechts abbiegen!«, wenn ich mich zu verfahren drohe, kommt das Buch nicht ans Ziel.

Deshalb weiß ich das wache Lektorat sehr zu schätzen. Aber die beliebte Fiktion »Autorschaft«, an die wir beim Büchermachen glauben müssen, weil sonst Apparate alles übernehmen (»Written by no one«), funktioniert nur, wenn die Autorin oder der Autor am Steuer sitzen dürfen statt irgendein Beirat, egal wie groß oder klein. Mein dringender

Wunsch ist daher, dass niemand im Lektorat denkt: »Ja, aber was soll ich dann überhaupt ändern dürfen, wenn nicht den Stil, die Wortstellung und die Wortwahl?«, sondern die Antwort kennt: a.) Grammatikfehler, b.) sachliche Fehler.

Alles andere wäre zu fragen und zu diskutieren, mit Maß und Vorsicht vor Proliferation der Skepsis. Diesem Wunsch gemäß zu arbeiten ist nicht naheliegend. Es verlangt Zucht, Härte gegen die eigene Empfindlichkeit auf beiden Seiten.

Ich musste das alles als Redakteur und Lektor auch erst verinnerlichen, und ich mache es heute noch manchmal falsch.

Menschen, die ein starkes Sprachgefühl haben, stellen die Stacheln auf, wenn in einem noch nicht für fertig erklärten Text etwas steht, das sie anders formulieren würden.

Falls man nur ehrlich genug in sich hineinhört, spürt man aber den Unterschied zwischen »das ist falsch« und »das würde ich anders sagen/schreiben«.

Es geht bei diesen Wünschen an die Lektorate nicht um meine Eitelkeit. Sie hält sich nach vielen Erlebnissen damit, dass man (oder jedenfalls: ich) nie hundertprozentig präzise sagen oder schreiben kann, was man (wieder: ich) will, in den schicklichen Grenzen.

Es geht darum, dass ich ohne Schaden am Text ernstnehmen können muss, was ein Lektorat sagt. Es gibt bei jeder Zusammenarbeit Interessenkonflikte. Ein guter Mensch stellt seine Interessen hinter diejenigen anderer zurück. Ich praktiziere beim literarischen Schreiben, das mein Leben ist, das Gegenteil. Ich verlange, dass sich diejenigen, die mit mir zusammen an meiner Literatur arbeiten, an meine Regeln halten, und bin nicht bereit, mich an ihre zu halten, wenn sie meinen widersprechen.

Es ist also nicht Koketterie und auch keine Übertreibung, wenn ich sage: Ich bin kein guter Mensch. Aber ich bin ein gutes Beispiel dafür, dass man es sich selbst in einer Zeit, in der Verlage und andere Institutionen des kulturellen Lebens vor dem Austrocknen ihrer Einkommensquellen schlottern, immer noch leisten kann, an der Angst der Ängstlichen vorbei Sachen zu schreiben, die auf dem Markt und in der Öffentlichkeit manche und manchen zu Wutausbrüchen reizen.

Das verdanke ich guten Menschen: Leserinnen, Lesern, innerhalb der Institutionen und draußen. Ich hoffe, sie erlauben es mir weiter.

Ich kann Ihnen nur versprechen, dass ich mein Spiel, wenn ich es weiterspiele, so offen spielen werde, wie ich mir das eben leisten kann – meine Inventur der Schreiblehre hier war ein Versuch, Sie in meine Karten schauen zu lassen.

Ich versuche, wenn ich Literatur schreibe, etwas zu tun, was man gemeinhin eher vom wissenschaftlichen oder philosophischen Schreiben erwartet: Begriffsklärung und Entdeckung von Dingen und Sachverhalten, über die ich noch nichts oder nicht genug weiß. Es geht um die Vorbereitung von Leistungen, die ich selbst nicht erbringen werde und nur erst in Umrissen erkenne.

Meine Arbeit ist eine Zwischenstufe. Ich ziele nicht auf Klassisches, ich bereite es vor. Nach mir kommen Leute, die können werden, was ich als Möglichkeit entwerfe.

Die besten erotischen Stellen in »Temper« von Nicky Drayden sind literaturgeschichtlich Spätfolgen der Pioniertaten von Menschen wie Donatien Alphonse François de Sade, die im sechzehnten, achtzehnten und neunzehnten Jahrhundert Versuche mit der Literatur anstellten, die ermitteln sollten, ob sexuelle Sauereien literaturfähig sind. Das waren keine angenehmen Menschen, soweit man weiß, und sie haben Texte hinterlassen, die sich nicht nett lesen. Aber wer Regeln für neue Spiele entwirft, testet, verfeinert, muss das mit einer gewissen Rücksichtslosigkeit tun.

Ihm oder ihr stünde dabei eine Bescheidenheit gut zu Gesicht, die begreift, dass ihr Wirken das einer Vorläuferin oder eines Vorläufers ist, nicht das einer Vollenderin oder eines Vollenders. Es geht, wenn man auf einer Bahn schreibt, die sich als Forschung versteht, eher darum, ein interessantes Wort zu finden, als darum, das letzte Wort zu behalten.

Wer das Spiel beginnt, kennt den Verlauf nicht.

Der Mathematiker Oswald Teichmüller war ein Nazi; seine Ideen haben ein paar Generationen später aber einer Frau namens Maryam Mirzakhani, die unter schwierigen Bedingungen in einem Land namens Iran die für Mädchen dort nicht selbstverständliche Laufbahn einer Mathematikerin einschlug, die Gelegenheit zu Arbeiten verschafft, die ihr als erster Frau überhaupt die Fields-Medaille eingebracht haben.

Ich bin nicht de Sade und nicht Teichmüller.

Aber wenn es irgendwann eine Nicky Drayden oder eine Maryam Mirzakhani gibt, die von meiner Arbeit profitiert, habe ich diejenigen, die meine Texte hassen, nicht umsonst geärgert.

Es gibt nur eine einzige Regel, die ich beim literarischen Schreiben nie achten werde, auch wenn sie durchaus Wahres über viele Voraussetzungen sagt, die gelten müssen, damit sich Menschen etwas so Kostspieliges wie Kunst überhaupt ausdenken können.

Diese Regel, die ich hasse, heißt:

»Des isch halt so.«

Mag ja sein, dass es halt so ist.

Aber so wird's nicht bleiben.

Anmerkungen

1 Greg Egan: »Diaspora«. London: Gollancz 1997, S. 270.

2 Oder weniger epigrammatisch-gnomisch: Der Gegensatz zwischen Individuum und Gesellschaft, der in der vorhandenen Gesellschaft erlitten wird, ist eine irrationale Täuschung, nur veranstaltet, um die Irrationalität der Gesellschaftsform insgesamt aus dem Blick zu rücken.

3 Anne Garréta: »Sphinx«. Paris: Bernard Grasset 1986, S. 230.

4 Anne Garréta: »Sphinx«. Dallas: Deep Vellum Publishing 2015, S. 120.

5 Anne Garréta: »Sphinx«. Hamburg: edition fünf 2016, S. 176.

6 Unica Zürn: »Anagramme«. Berlin: Brinkmann & Bose 1988, S. 60.

7 Marianne Fritz: »Was soll man da machen«. Frankfurt a.M.: Suhrkamp Verlag 1985, S. 7.

8 Nicky Drayden: »Escaping Exodus«. New York: Harper Voyager 2019, S. 66.

9 Drayden a.a.O., S. 34.

10 Drayden a.a.O., S. 190.

11 Rainald Goetz: »Abfall für Alle«. Frankfurt a.M.: Suhrkamp Verlag 2003, S. 482.

12 Nach Karen Burnham: »Greg Egan«. Urbana: University of Illinois Press 2014, S. 4.

13 Dietmar Dath: »Der Schnitt durch die Sonne«. Frankfurt a.M.: S.Fischer 2017, S. 176.

14 Nach Hans Wollschläger: »Bruder Kuhn«, in: DER RABE, Nr. 4, Zürich: Haffmans Verlag 1983, S. 200.

15 Wollschläger a.a.O.

16 Nach Elizabeth Sandifer: »The Last War in Albion«. New York: Eruditorum Press 2019, S. 353.

17 Karl Kraus: »Die Fackel«, Nr. 223-224. Wien: Verlag der Fackel 1907, S. 1f.

18 Marianne Fritz: »Dessen Sprache du nicht verstehst«. Bd. III, Frankfurt a.M.: Suhrkamp Verlag 1986, S. 3305.

19 Fritz a.a.O.

20 Robert Menasse: »Der Analphabetismus als höchstes Stadium des literarischen Modernismus«, in: »Wespennest«, Nr. 68, Wien: Verein Gruppe Wespennest 1987, S. 61. Dieser erstaunliche Text spielt nicht nur in seinem Titel auf den von Lenins Buch »Der Imperialismus als höchstes Stadium des Kapitalismus« an, sondern setzt auch

sonst linke bis linksradikale Akzente, zitiert Marx, suggeriert Konsumkritik – und das beim Konsum eines Erzeugnisses, das kaum jemand konsumiert, und gegen eine Produzentin, die jedenfalls kein Monopolkonzern war, sondern eher eine von jenen kleinen, aber kompetenten Handwerkerinnen, deren Untergang im Imperialismus mit dessen Massenramsch und Fabrikschund zu Lenins berechtigten Vorwurfsanlässen wider den »faulenden Kapitalismus« gehörte. Es ist immer wieder erstaunlich, wie gern Intellektuelle kommunistische Formeln ergreifen, wenn sie populistisch gegen unliebsame Konkurrenz schimpfen. Und es ist sehr gerecht, dass die Breitenbevölkerung wenigstens auf *diese* Art Populismus nicht hereinfällt, wenn schon auf manch andere – marxistisch kostümierte Wut auf die Avantgarde interessiert die Massen so wenig wie die Avantgarde selbst. Marxismus und riskantere Kunst werden sich miteinander und mit der Menschheit aber bestimmt noch einigen; auch wenn der Weg dahin augenscheinlich länger wird, als man hoffen möchte.

Bibliografische Information der Deutschen Nationalbibliothek

Die Deutsche Nationalbibliothek verzeichnet diese
Publikation in der Deutschen Nationalbibliografie;
detaillierte bibliografische Daten sind im Internet über
http://dnb.d-nb.de abrufbar.

© Wallstein Verlag, Göttingen 2020
www.wallstein-verlag.de

Vom Verlag gesetzt aus der Stempel Garamond
Umschlaggestaltung: Wallstein Verlag
Umschlagabbildung: Auszug aus STEFART
Druck und Verarbeitung: Hubert & Co, Göttingen

978-3-8353-3801-2